竹田恒泰の感動する日本

竹田恒泰

宝島社新書

はじめに

本書は竹田恒泰のネット配信を書籍化したものです。

竹田は、その時々の時局について、様々な発言をしています。その中から、特に日本の歴史や文化、防衛、ビジネスや技術など、政局よりも、日本人として知っておきたいこと、知るべきことを中心にまとめたものが本書です。

日本には、多くの素晴らしい文化があります。そして、それらを支える人たちがいます。さらに、中心人格として天皇陛下がいらっしゃいます。

日本が感動的で素晴らしいのは、陛下と国民がともに幸せを願いながら、日本の未来を作るために活動していることです。国民には、ビジネスパーソンや経営者、学生や先生、主婦や主夫、政治家や公務員など様々な方がいます。

それらの日本国民が、ともにリスペクトし合い、輝かしい未来に向かってともに進んで行くことが、大切だと思います。

その指針を、常に示そうとしているのが竹田恒泰です。特に、彼は、ネットでは日々、変わっていく情勢を独自の視点でつかみながら、多くの視聴者に向けて配信しています。

本書では、その配信を十分に生かしながら書籍化しています。なるべく、竹田恒泰の言葉遣いを生かしつつ文章化していきます。

彼の抑揚ある言葉を思い出しながら、本書を読んでほしいと思います。たいへんわかりやすく言葉が続いていきます。

ここでは、竹田恒泰のネット配信から、特に、社会のため、人々のために奮闘し、身を捧げる人たちをリスペクトし、紹介しています。

その最たる存在が天皇陛下です。

陛下は、誰よりも国民のことを考え、誰よりも平和を望み、祈りを捧げています。そして、そのことを誰よりも理解し発信し続けているのが、竹田です。

私たち日本人は、豊かな自然と、素晴らしい歴史を持っています。そして美味しくて豊かな食文化もあります。それらについても、本書では紹介しています。

本書は、最初から読んでも、どこから読んでも、読めるように構成しています。一つのテーマは2～6頁ですから、通勤の合間でも、仕事の合間でも、家事の合間でも、食事をとりながらでも、手軽に読めるようになっています。

そして、全部読み終われば、日本の素晴らしさと、日本への理解が深まると同時に、日本の抱えている問題点もつかめるように構成しています。

それでは、『竹田恒泰の感動する日本』にご招待いたします。

宝島社新書編集部

目次

第二章　魅力満載の素晴らしき日本

第三章

命をかける日本の防人たち 81

第四章　卓越した日本の常識

第五章　知っておくべき日本の「真」常識　149

第六章 世界に誇る日本の技術とビジネス

第一章　感動する日本

死のうと思っていた人の気持ちを変えた

陛下の愛が被災者を救った

東日本大震災時に、ボランティアで仙台市若林区に行ったときのことです。そこで、地元の避難所であるおばさま方がいらしたので、天皇皇后両陛下（現上皇上皇后両陛下）がご訪問になったときのことを聞かせていただきました。

突然泣き出した四人のご婦人

「両陛下が先月いらっしゃいましたが、どんな感じでしたか」と声をかけたのです。ちょうど、その場には四人の方がいらっしゃったのですが、ひとりが「そうよ、両陛下がいらして下さったの」と言うと、「そうよ、ありがたかったわ」って言いながら、全員泣き始めてしまったのです。「思い出すだけでも涙が出る」と。

どんなふうにありがたかったのか聞きたくて「どんな感じだったんですか」と尋《たず》

ねました。そしたら、四人のうちの一人が話してくれたのです。

「実は、私ね、家族も親戚も全員が死んじゃったの」と語るのです。「津波で自宅が完全に流されてしまって、全員死んじゃった」と、「自分一人だけ、別の用事があって他の場所に行っていて生き残った」と。「最初はね、気丈夫で、頑張っていたけれども徐々にね、何で私だけ生き延びたんだろ。できれば一緒に死にたかった」って、それで「もう、生きていても意味ないから死んでしまおうと思って、どこで死のうかっていうことを日々、夜な夜な考えるようになった」そうです。

そんな矢先に両陛下がいらした。そして「天皇陛下から声をかけてもらったことで、急にね、生きる力が湧いてきた」と、そのご婦人が言うのです。

死のうと思って、死ぬ場所をどこにしようかと考えていた方が、天皇陛下から声をかけられて急に生きる力が湧いてきたって、すごいなと思って、聞いたのです。

「陛下はどのようなお言葉をおかけになったですか？」と。そうしたら、どんな言葉だったのかは、もう忘れてしまったけれど、何言か言葉を交わして、そのときに感じたことがあると教えてくれました。

「もしかして、私、愛されている?」

その感じたことが「もしかして、私、愛されている?」だったそうです。天皇皇后両陛下に、私はもしかしたら愛されてるんじゃないかと思ったと言うのです。

これまで、総理をはじめたくさんの議員や大臣に「大丈夫ですか」と親切に声をかけられたけれど、心配してくれている気持ちはわかるけど、愛されてると思ったことは一度もないと。

そして、陛下から声をかけられて「もしかして私、愛されている?」と、そう思った途端に、生きる力が湧いてきたと言うのです。

「どうして、そう感じたのですか」と聞いたら「だって、家族、親類は全員死んでいるから、私を愛してくれる人は、この世の中に一人もいないと思ったから、生きていても意味ないと思って、死のうとしたの……」。

しかし、いたのです。天皇陛下と皇后陛下がいらっしゃった。私のことを愛してくれる人がいた。このお二方は私のことを愛してくれている。もしかしたら、私を愛してくれているのは、地球上にこのお二方だけかもしれない。そして、おそらくもう二度と会うこともないかもしれない。でも「いいんです」と。「この地球上で、たった一人でも二人でも自分のことを愛してくれる人がいると思っただけで、生きようという力が湧いてきた」そうです。

その話を聞いて、私は本当にびっくりしました。天皇陛下のご訪問がとても意義深いことはわかっていましたけれど、現に死のうと思っていた人が、一言二言の言葉を交わして、がぜん生きる気になったという、その話を聞いて、私は心の底から感動しました。そして、私、そのご婦人に聞いたのです。「震災前から、皇室を敬愛なさっていたんですね」と。

すると「そうでもないのよ」と言うのです。さらに私は驚いて「えーっ」と声を上げてしまいました。「私ね、天皇なんていなくてもいいと思っていたの」と。

驚きました。私は「それでも、なぜ、そう思ったのですか」と聞いてしまいました。ご婦人の応えは「これ理屈を超えているの」でした。

（令和6年3月28日放送）

明治天皇の一言が伊勢の式年遷宮を守った

「馬鹿もん！　伝統を守ることを考えなさい！」

伊勢の神宮では、令和6年4月から令和15年（2033）の式年遷宮《せんぐう》の準備が始まりました。式年遷宮でアレンジをすることは、よしとされていません。つまり、今ある建物と寸分違いのないものを建てます。

少しここを変えたら、もっとよくなるんじゃないかというのは、一切なしです。アレンジは一切ありません。そのままを建てるのです。

そして、ご遷座《せんざ》します。ですから、1700年前に建てられた、そのままの形で今もあります。

でも、江戸時代に、少しアレンジしてしまった箇所があるらしいのです。しかし、近代の遷宮で、古文書をつぶさに調べて、江戸時代に施されたアレンジを元に戻し、復古するような形で作り直したそうです。

古いものをそのまま再現するということが大切です。

ただし、神宮を建てるために、1万本の檜《ひのき》が必要になります。20年に一度、その1万本の檜を切り続けると、どうしても建物の材料がなくなってきます。当初は、伊勢の神宮には広大な森がありましたから問題はありませんでした。

枯渇してしまった神宮の檜

ところが、今から約700年前、神宮の森の檜が枯渇してしまったのです。

そのため、材料の檜を木曽に求めました。なぜ木曽なのかというと、木曽で切った檜を木曽川に流すと名古屋港に出ます。そのまま伊勢湾を南下すれば五十鈴川に着き、神宮まで運べるからです。

当時は、大きな丸太を陸上で輸送をすることはできませんでした。だから、川と海をつないで運んだのです。このように約700年間、木曽の檜を使ってきました。

しかし、ある時、明治天皇へ進言した人がいます。

「木曽の山も檜を切り過ぎて、木が足りなくなりつつあります。いっそのこと建築様式を変えたらどうでしょうか。

柱を地中に埋めずに、礎石の上に建てれば、20年をはるかに超えて、数百年は持つでしょう」

提案に対してかみなりを落した明治天皇

その提案をお聞きになった明治天皇は、声を荒げておっしゃったそうです。

「馬鹿もん！　伝統を変えることを議論する前に、伝統を守ることを議論しなさい。柱が足りないのなら、柱を確保する方法を考えなさい」

と、かみなりが落ちたそうです。

いきなり伝統を変えることを言う前に、どうしたら伝統が守れるのかをまず考えなさいということです。この考え方は、皇位継承の問題とも共通するものです。

皇位継承について、女性天皇でも、女系天皇でも、よいではないかという議論があります。皇族男子が少なくなってきたために、男系男子の継承が難しくなってきているからという理由です。だから、女性天皇や女系天皇にしたらよいではないか、という意見です。

これを明治天皇がお聞きになったら、何とおっしゃるか。答えはわかっています。

「馬鹿もん！」です。そして、

「伝統を変える前に、伝統を守ることを議論しなさい。男系男子がいないのであれば、女系女子に変えたり皇位継承の順序を変えるのではなくて、どうしたら男系男子を確保できるのか、それを考えなさい」

とおっしゃったでしょう。

これが日本人の考え方の道筋であり、順序です。それが、2600年続いてきた皇位継承や伊勢の式年遷宮などの、多くの伝統を守ってきた考え方です。何でも変えればよいというものではないのです。

結局、伊勢で大規模な植林が行われ、平成25年の式年遷宮では約700年ぶりに伊勢の山から切り出した木材が使用されました。今後は伊勢の山の木材で、未来永劫、式年遷宮が行えることになりました。

（令和6年10月15日放送）

魂が洗浄された1万8千柱の御霊

硫黄島での天皇陛下の祈り

天皇陛下の祈りは、次元が違います。

硫黄島《いおうとう》という先の大戦で激戦地になった島があります。硫黄島だけで約1万8千人の日本兵が命を落としています。米兵も死傷者あわせて2万6千人を超えています。かなり多くの方が亡くなっているわけです。

そして、現在、硫黄島には自衛隊の航空基地が置かれていますが、基本的に無人島です。自衛隊の人しかいません。もしくは自衛隊員たちの生活に関わる人たち、食事を作ったり、生活のサポートをしたりする役割の人たちがいるだけです。自衛隊の施設が一つポツンとあるだけで、住民は一人もいません。

硫黄島で起こる怪奇現象

硫黄島に配属された自衛官は、ほぼ全員体験する怪奇現象があると聞きました。それは、夜、寝ていると冷蔵庫の中に入っている飲み物の瓶や缶がカタカタ、カタカタ、カタカタ揺れる音が聞こえる、というものです。

この怪奇現象は、思うに、硫黄島で亡くなった方の霊や念が引き起こしていると思います。硫黄島では、戦闘で亡くなった方はむしろ少なくて、脱水症状で亡くなった方のほうが多いのです。食べ物も少ない、飲み水も少なくなってくる。しかも火山島ですから、地面深く掘って生活していると、やはり暑いわけです。喉が渇いても外に出るわけにもいきません。外には米兵が待ち構えています。

そして脱水症状になっていきます。水が欲しい、水が欲しいと言いながら命を落としていった兵隊たちがたくさんいました。

硫黄島には川もありません。だから、冷蔵庫に飲み物が入っていると、水が欲しい、水が欲しい、喉が渇いた、喉が渇いたという島に残っている念が、水がある、水がある、といって瓶を揺らす、カタカタという音を鳴らす怪奇現象になっているのではないか、そんなふうに思われていました。

それ以外にも、霊感の強い人には、もう見てられないというくらい霊が彷徨《さまよ》っているらしいのです。1万8千人も苦しんで亡くなっているわけですから。霊が憑依《ひょうい》することも起きるといいます。それほど、厳しい場所だったのです。

それで毎年、慰霊祭が行われています。遺族や関係者が行って、長年慰霊を繰り返してきました。

しかし、過酷な環境で亡くなった多くの御霊《みたま》にとっては、非常に無念だったのでしょう。その念は消えることもなく残っていました。

天皇陛下の祈りでピタリと止まった怪奇現象

平成に入って、天皇皇后両陛下（現上皇上皇后両陛下）が戦後初めて、硫黄島をご訪問になりました。

その地で両陛下は慰霊をなさったのです。そしたら、それ以降、怪奇現象がピタッと止まって何も起きなくなったといいます。

それだけ聞くと、オカルトの話と思われるかもしれません。しかし、私は妙に納得しました。天皇陛下の祈りってすごいのです。

これまで、お坊さんとか、神主さんとか、遺族が行って、様々な慰霊祭をやってきました。それも何十年もやってきたのです。

しかし、やはり残っていたのでしょう。それを幽霊と呼ぶのか、怨霊というのか、念というのかはわかりません。ですけど、そういうものは、私はあると思います。

土地が良いとか悪いとか言います。科学で説明のつかないものもあると思います。そのような霊や念に対して、天皇陛下の祈りというのは、次元が違うというか、通じるのです。

天皇陛下がいらっしゃることによって「天皇陛下が祈ってくださったら、もうそれ以上望むことはありません」「わかりました。ありがとうございます」という気持ちになった御霊がたくさんあったと私は思います。


（令和6年3月28日放送）

世界でも類を見ない宝物&建築物

日本の美的感覚は引き算だから素晴らしい

日本の美術は引き算です。世界の寺院や宗教施設はとにかく荘厳なものや煌《きら》びやかなものが多いですが、日本は質素です。ひたすら玉砂利を歩いて、大自然の奥深くまで入って行く。そこにあるのは白木で作られた建物です。立派な建物ですが、世界の宗教施設に比べたら極めて質素です。向いている方向性が違います。

壊して、壊して、壊したから、1600年続く伊勢の神宮

世界の宗教施設は大きな災害があっても、とにかく持ちこたえるように堅固に造ります。そうやって500年も、700年も、1000年も残そうとします。しかしそれらは、結局は朽ち果てる運命にあります。

ところが日本の伊勢の神宮は式年遷宮で、20年ごとにお建て替えします。壊して、壊して、壊し続けて、その結果、1600年前の建築様式が残され、その当時のまま、今でも建てることができるわけです。建物を壊し続けることによって残すというのは、他にはない逆転の発想です。

普通は堅固なものを造ります。そうやって残そうとするわけですが、それは一旦壊れたらもう二度と造れません。

日本の建物は、自然と一体となり、質素で無駄がありません。それは日本の建物は引き算で考えるからです。いらないものを全部取っ払っていったときに、無駄のない建物にたどりつきます。それが神宮の唯一神明造《ゆいいつしんめいづくり》です。日本庭園もそうですし、茶の湯もそうです。

普通だったら、これを飾ろう、これを混ぜよう、これをくっつけようと、コテコテのものになるのですが、日本は違います。

天皇陛下には、ダイヤモンドとかサファイアなどがそこら中にちりばめられた王冠はありません。三種の神器もそうです。神器の鏡と剣と勾玉《まがたま》は、誰も見ることはできません。所有者の天皇陛下ですら見ることができないのですから。

「見て！　このダイヤ」とかはありません。キラキラの王冠や金ぴかの宮殿もありません。もう美的感覚の方向性が完全に異なるのです。

そういう意味で、日本の美的感覚はすごいなと思います。外国文化を否定するつもりはありません。外国のものがあるからこそ、日本の美の方向性が、外国人から見て、驚きにつながります。

神代の時代から伝わる三種の神器

勘違いしたあるドイツ人が伊勢の神宮を見て「築20年」と言ったらしいですが、なかなか理解しづらいのかもしれません。１６００年以上前から、弥生時代の建築様式をいまだに守り続けているのです。

そこに奉安されている鏡は神代の時代のもので、天照御大神の岩戸隠れのときに作られた鏡とされています。

（令和5年5月10日放送）

伊勢の神宮（写真／アフロ）

女性が主人公で、女性だけで難問に立ち向かう「セーラームーン」は世界の最先端

ぜひ世界で語ってほしいです。『美少女戦士セーラームーン』はすごいのです。どうすごいかというと、最先端にもほどがあるからです。

ディズニー映画『アナと雪の女王』（アナ雪）が公開されると、女性が主人公の物語が、作られたのは画期的だと世界で評価されました。

女性が男性の力を借りずに難問に立ち向かっていく点も高く評価されました。これまでは男性が戦って活躍する映画ばかりだったけれど、アナ雪は違うというのです。

これこそが現代にふさわしい設定だったわけです。それを聞いて、私は思いました。「何をいっているのか」と、日本にはセーラームーンがあると、声を出して言いたくなりました。

30年前から女性が主人公

セーラームーンは平成4年（1992）のスタートです。ということは、もう30年も経っているということです。30年前に女性が主人公で、男性の力なぞ、これっぽっちも借りずに、女の子だけで戦っています。

それなのに、アナ雪が新境地だとは笑わせます。日本の漫画やアニメは、世界を圧倒的にリードしていたわけです。

私たち日本人は「そんなもん30年前からやっとんじゃ」と言ってやりましょう。女性が主人公で、難問に立ち向かって「キャー、キャー素敵。進んでる」って、「まだそこですか」という話ですから。本当にね、セーラームーンのすごさは、ぜひ、世界に語ってほしいです。

（令和6年3月28日放送）

日本人が本来持っていた本当の魅力

世界から信頼される日本

外務省が行った対日世論調査の記事があります。インドの人の96％が日本を信頼しているそうです。これを見ていきましょう。

「外務省は15日、アメリカ、オーストラリア、インド、東南アジア諸国連合（ASEAN）、中南米で実施した対日世論調査の結果を公表した。

日本を『信頼できる』とした回答の割合が最も高かったのはインドで96％に達した。インドの次に高かったのはASEANで91％、中南米83％、オーストラリア79％、米国は73％と続いた。

米国の有識者に、アジアや周辺地域でどの国が米国にとって最も重要なパートナーかを尋ねたところ、日本が26％で最多だった。中国とインドが24％で続いた。

世論調査は昨年10月から今年1月にかけて実施した」（産経新聞、令和6年3月

15日付）

現在の私たちは信頼に値する日本人か

インドは96％、一番低くてもアメリカの73％。最低のアメリカでも、100人中73人が日本を信頼できると判断してくれています。すごいです。

外国の方が、日本人を信頼できると判断してくれることはよいことです。「金を持っているからつるんでいたらいいことあるかも」というようなことを聞いているわけではなくて、「信頼」できるかどうかを聞いています。

例えば、仕事を頼んだときに、しっかりとやってくれるかどうか、約束を守ってくれるかどうか、こういう信頼というのは、お金の力だけで得られるものではありません。

あとは、外国の人に信頼されていると調査結果にはありますが、信頼に値する日本であるかどうかも、私たちが今一度自分の胸に手を当てて考えなければいけないことと思います。

日本は昔からそうでした。日本人は誠実、ルールを守る、義理堅い、時間にも正確だし、よく働く、言われたことはちゃんとやるし、言われてないことまで先回りしてやる、という勤勉で誠実で、頑張り屋さんであるというのが、日本の魅力でした。

勤勉で健気に頑張るのが日本人

今や、働くのが悪いことのようにいわれます。過労死はダメだとしても、働かないのが美徳というのはおかしいでしょう。個人主義を植え付けようとする左派に騙されてはいけません。日本人の魅力は、健気《けなげ》に頑張るところにあるのです。

義理人情を軽んじてはダメです。騙されたやつが悪いというやばい国はありますけど、隣に。そうではなくて、「御天道様《おてんとうさま》が見ている」という発想が大切だと思います。それが日本人の魅力です。それを失ってはいけないと思います。

（令和6年3月21日放送）

96%の人が日本に信頼を寄せるインド（デリー・写真／アフロ）

モノ作りの精神がすごい

世界最高のモノを作る日本人

日本人は、モノ作り精神がすごいのです。何かすごいものを見ると作りたくなってしまうようです。『日本はなぜ世界でいちばん人気があるのか』（ＰＨＰ新書）にも書いたのですが、ペリーが日本にやってくる2年前に、マリーナ号という船が日本に来ました。

イギリスの軍艦は、大砲で脅かして日本を植民地にしようとしてやってきたわけです。ところがその頃すでに、幕府の上層部は「そろそろ大きな船を作る技術がないとダメだね」と思っていたのです。そこにマリーナ号が来ました。

マリーナ号の軍人たちは、日本人がこの兵器を見たら、ビビるだろうと思っていたわけです。ところが、幕府の役人たちは「いいカモが来た」と思っていました。

メモを取り始めた日本人

マリーナ号に停船命令をかけて、役人たちが乗り込んでいきました。そこで、何が起きたのでしょうか。

イギリス人たちは「こいつらビビるだろうな」と思っています。ところが日本人たちは全員でメモを取り始めたのです。「ハハー、こういう構造か」と言いながら、「これって何個あるんですか」という質問をしたりして、まったくビビる様子はありません。逆にイギリス人がビビったのです。「ヤバい、こいつら蒸気船を造ろうとしている」と。

これまでイギリスは世界各地で同じ手口で植民地化していきました。兵器を見せて「撃つぞー」と言えば、みんな「へへえー、子分にしてください」と従い、「植民地になるか」と問われれば、「はい、なります。命だけはお助けを！」と言って、従ってきたのです。

これまで、蒸気船を造ろうとした者などは一人もいませんでした。しかし、日本に着いてみると、日本人は明らかに蒸気船を造ろうとしていたのです。

世界最初に磨製石器を作った日本人

そして4年後、造ってしまいました。国産初の蒸気船です。150年前、世界最高の造船技術を持っていたのはオランダでしたが、今は日本です。

今から150年前、世界最高の鉄道技術を持っていたのはイギリスです。今は日本の新幹線です。自動車技術もそうです。

今から3000年前、日本人は中国の長江流域から米作りを習いました。今、世界で最もうまい米は日本人が作っています。

日本人が本気でモノ作りをしたらとんでもないものを作るのです。日本人は世界で最初に磨製石器を作った人たちです。土器を作った人たちです。日本人がモノ作り精神を発揮したら、すごいものを作ります。それが日本人です。

（令和元年11月13日放送）

日本の技術の粋を集めた新幹線
（N700S系・写真／アフロ）

世界で最も書店が多い国

日本は読書大国！

近年の日本では本屋さんが減少しています。10年前には全国に1万5602店あった本屋さんが、令和5年では1万918店に減っています。さらに、書店のない自治体が全国で26%にものぼっています。出版文化産業振興財団（JPIC）の調査によると、全国1741市町村のうち、456市町村に書店がありませんでした（令和4年9月調べ）。

これは大きな問題です。

しかし、日本では、書店がこんなに減っているにもかかわらず、世界と比べたら、比較にならないほど多いのです。異常な多さといわれています。

確かにアメリカに行ったら、本屋さんはありません。

ニューヨークやロサンゼルスの街中を歩いてみても、本屋さんは見つかりません。

まったくないわけではありませんが、日本と比べたら圧倒的に少ないのです。ヨーロッパも同じです。ロンドンやパリを歩いてみても、本屋さんを見かけることはほとんどありません。地方の都市などはもっとありません。

それはアジアでも同じことです。私はよくバンコクに行きますが、本屋さんを見たことはありません。これはマジな話です。基本的に、世界の一般的な人々は本を読みません。

江戸時代も今も世界に比べて識字率の高い日本

日本人は本を読みます。江戸時代には多くの寺子屋があり、庶民の多くが文字を読んでいました。江戸時代の識字率は6割といわれています。当時のロンドンの識字率は2割程度でした。

江戸時代の日本では、日常的な読み書きであれば7～8割の人ができたというデータもあります。

さらに、日本では、地域によってはもっと識字率が高かったといわれています。

世界最高の識字率を誇っていたのが江戸時代の日本です。現在でも、世界トップクラスの識字率です。

世界では、貧困層であれば本を読めないのが普通で、まったく文字を読んだり書いたりできない人も多くいます。それは、アメリカも同じです。アメリカの場合は移民が多いという問題もありますが、本が読めない人は多くいます。

日本では貧乏だから、子供が本を読めないという家庭はありません。

現在、世界的に識字率が上がってきていますが、それでも、日本の足元にも及びません。

現在、書店が減少し、日本人の読書量が減っています。ここで下げ止まってほしいと思います。

本を読めば読むほど国語力が高まります。国語力が高まると全ての科目の成績が上がります。日本は歴史的に教育の力でここまで発展してきました。日本の未来は日本人の読書量にかかっているといっても過言ではありません。

日本の教養を支えている本屋さんと読書

日本は街中の至るところに本屋さんがあります。地方都市も駅前や空港では必ず本屋さんがあります。小さな町でも本屋さんはあります。これを何とか死守しないといけません。そのためには、私たち一人ひとりが本を読むことが肝要です。

本屋さんは日本が誇る文化です。

デジタル化が進んでいますが、それでも世界で最も本を読んでいる国が日本です。これが日本の教養を支えているのです。

（令和6年10月31日放送）

コメの文化が日本の文化。減反奨励はどこか間違っている

陛下はいつも五穀豊穣を祈っている

天皇陛下は新嘗祭で五穀豊穣の祈りをお捧げになります。月並祭でもそうです。天皇陛下は五穀豊穣を願っていらっしゃるのに、日本政府はお米が実らないように願っているという、このアンバランスが何とかならないかと思います。

政府は減反政策は止めたとしつつも、いまだ事実上の減反政策を継続しています。しかし、天皇陛下は米がよく育ちますようにと願っているわけです。

昭和天皇の病状が悪化した昭和63年（1988）の秋口に、その年の夏に雨が多かったことをご心配になり、「米は大丈夫か」と、御下問になりました。

病床で闘病していらっしゃる昭和天皇が、病床で苦しみつつも、米の実り具合まで心配していらっしゃったのです。

お田植えを始めたのも昭和天皇

このように天皇陛下は、とにかく米が実るように、いつも米のことを考えていらっしゃいます。お田植えをお始めになったのも昭和天皇でした。

しかし、政府は農家に対して減反を奨励しているわけです。そんなチグハグなことがありますか。

陛下の祈りの意味がわかっているのでしょうか。お百姓さんが作ってくださる米、神様が実らせてくださる米、その米に感謝しながらみんなで美味しい米をいただくのが日本文化の基本です。だから、政府が減反を奨励するのは、根本的なところがずれていると思います。

すでに、そのしっぺ返しが来ています。米不足です。早急に正さないと日本人の米離れが起きないとも限りません。

（令和6年8月29日放送）

第二章　魅力満載の素晴らしき日本

国連にわかるわけがない

安くてうまいは日本の豊かさ

私はよく言いますが、安くてうまいものがあるということは、ものすごく豊かだということです。パリに行っても、ニューヨークに行っても、安いものはイコール不味《まず》いものです。

美味しいものを安く出してくれる店は存在しません。お客様のためにと思って安い値段をつけると、不味いものだと思われてしまいます。

パリやニューヨークでは美味しいモノは高い

だから、パリもニューヨークも美味しいものはたくさんありますが、本当に高いわけです。日本も、最近、外食料金が上昇しています。それでも、1000円以下で美味しいランチはたくさんあります。800円でも高い方です。700円とか6

00円、500円でも、美味しい食事を提供してくれるところはあります。パリでそのような店を探そうとしても存在しません。

日本にはチロルチョコがあります。このチョコは10円です。サイズの大きい20円のものもありますが、これはコンビニで販売するときにパッケージにバーコードを載せる必要があり、10円のチロルチョコではサイズが小さくて載せることができなかったからです。

話が少し横道に入ってしまいましたが、日本には10円のチョコがありますが、パリなどでは、美味しいチョコレートは数百円します。

日本には本当に安くて美味しい食べ物がたくさんあります。しかし、この安く美味しいものが食べられるという豊かさはGDPには反映されません。他にも行政に電話してつながるという便利さもGDPには組み込まれません。

2024年の国の豊さを示す人間開発指数が国連から発表されました。日本は世界で24位。アメリカだけではなく、韓国よりも下でした。

ただし、その判定基準はブラックボックスです。判定基準として考慮されるのは、

ＧＤＰ、平均寿命と健康な生活、知識や人間らしい生活です。

これらを総合して指数化したものといいますが、ＧＤＰと平均寿命は数値化できますが、健康な生活や知識、人間らしい生活はどうやって指数化するのか、わかりません。安くてうまいランチが食べられるのは豊かさに直結すると私は思いますが、国連はそうは見ていないようです。

そもそも、国連が日本の豊かさがわかっているとは思えません。日本はアメリカに比べれば圧倒的に犯罪が少ないです。餓死する人もいません。餓死する人が出たらトップニュースです。

先ほど挙げた行政だけではなく、企業に電話したときにも電話はつながります。アメリカだったら、何度電話してもつながらないですから。

経済発展と真の豊かさを保つバランスが大切

水道も蛇口をひねればすぐ水が出てきて飲めます。多くの国が水道水の水は飲めません。だから、ミネラルウォーターを買うのです。

国連の人間開発指数はブラックボックスですから、気にしても仕方ありませんが、ＧＤＰそのものをまったく無視してよいとは思いません。経済成長は大切です。経済を発展させつつ、国連のわけのわからない人間開発指数ではなく、日本人が積み重ねてきた意味ある豊かさを大切にしていくバランスが、これからは大事になると思います。

（令和６年２月21日・３月21日放送）

世界で唯一の国
どん底から2度這い上がった日本

維新の頃に弱小国だった日本は大躍進を遂げ、世界の五大列強国に食い込みました。実は、これはすごいことです。江戸時代を通じて、経済成長について考えた日本人はほとんどいませんでした。平安時代も270年間、経済成長はほぼありません。人口が増えた分だけ経済成長しただけでした。

ところが、日本人が本気で経済成長を考えるようになったのが、嘉永6年（1853）のペリー来航です。浦賀沖に4隻の船が現れると、日本は手も足も出せなくなってしまいまいました。

このとき、大変頭の良い人物がいました。それが勝海舟です。

勝海舟が将軍に進言します。

「抵抗するだけ無駄です。もし抵抗したら本当に日本中が焼かれてしまいます。ここは大変悔しいことでありますけれども、言いなりになりましょう」

開国はしたくないけれど、開国するしかない。しかし、そこで、勝海舟が言ったのが、こんなに侮辱的なことは金輪際ごめんで、今回だけにしませんか、ということです。

今は、もう仕方がないから開国するけれども、それを逆手に取って、外国に商品を売りまくりましょうと言ったわけです。日本人が作る商品は非常に質が高いですから、必ず世界に売れるはずだ、と。

開国して、貿易の利益を得て大国になろうとしたわけです。日本は富国強兵を目指しました。経済の強い国が強い軍隊を持ちます。そのときはペリーみたいな野郎が来ても、叩き返してやりましょうというのが、勝海舟の献策でした。

勝海舟の言った通りになった

その後、どうなったでしょうか。日本の歴史は勝海舟が献策した通りになりました。開国から、猛烈な勢いに乗った日本は経済成長していきます。当時、売れたのは絹糸と陶磁器です。これは世界最高の品質ということで、まさに飛ぶように売れ、地球の裏側まで輸出されました。

他の国々と比べると圧倒的に質がよく、しかも価格も適正だということで売れていったのです。そして、日本は、猛烈な経済成長を遂げ、明治維新から、わずか半世紀後に世界五大国の一員になったのです。

現在の呼び方でいえば「G5」です。経済力、軍事力で世界のトップ・ファイブになりました。大正9年（1920）、第1次世界大戦の戦勝国として日本は国際連盟の常任理事国になりました。そしてその後、軍事力では、世界のトップ3に入りました。たった4隻の船が来ただけで、手も足も出なかった弱小国日本が、世界の五大列強国に食い込んだのです。

2度も這い上がったのは、まぐれではない

ただ残念なことに、その後の第2次世界大戦で、日本中のインフラはぶち壊されてしまいました。世界の中でも、最も貧しい国に転落したのです。

ところが、皆さんがご承知の通り、20数年で百数十カ国をぶち抜いて世界2位の経済大国になりました。吹いたら飛ぶような弱小国が、どん底から這い上がることを2回やっているのです。もし、1回だけだったら、まぐれかもしれません。しかし、2回やっています。まぐれではないのです。

皆さん考えてください。150年前に弱小国だった国の中で経済大国に躍進した例が他にあるでしょうか？

それは日本だけです。これから出てくるかもしれませんが、インドやブラジルとかが経済大国になるかもしれませんが、少なくとも現在までは日本だけです。

中国があるじゃないか、という人もいるかもしれません。実は、150年前、世界最大の経済大国は中国でした。中国にとって、この100年間が悲惨なだけだったのです。

日本は150年間で2度もどん底から這い上がる底力を持っているのです。

（令和元年11月13日放送）

世界の国々と同じ経済規模の自治体の数々

日本経済は世界的に見てもすごい

日本は市町村の一つ一つが国家レベルです。もし東京都が独立国だったら、どのくらいの経済規模の国になるでしょうか。現在、193カ国の国連加盟国がありますが、東京都が独立国だったら世界17位のトルコと同じ経済規模です。

大阪府が独立したら世界31位です。ノルウェーと同じです。愛知県が独立したら世界第30位。デンマーク相当です。新潟県が独立したら世界第65位。スリランカと同じです。福岡県だったら世界第53位。ルーマニアと一緒です。

愛媛県が独立国だったら世界86位です。ガーナと同じ経済規模で、つまり愛媛県民が1年間働いて稼ぎ出す経済価値と、ガーナ国民が1年間働いて作り出す経済価値が同じなのです。愛媛県民は135万人です。ところが、ガーナは2500万人です。135万人が作り出す経済価値と2500万人が作り出す経済価値が同じなのです。

だから、愛媛県の生産能力の高さはとんでもありません。この愛媛県の市町村に西条市があります。もし西条市が独立国だったら世界157位です。どこと一緒かというとシエラレオネです。つまり西条市長とシエラレオネ大統領がタメを張るレベルです。人口がどのぐらいかというと、愛媛県の西条市は人口10万人。シエラレオネは人口660万人です。やばくないですか。66倍人口が違います。つまりシエラレオネの国民よりも西条市民の方が、66倍生産効率が高いということです。

次に、四国中央市という市がありますが、四国中央市も大体同じぐらいです。

次にわざと小さい町を選びました。愛媛県に松野町という町があります。松野町民は3900人です。その3900人が作り出す経済価値は、1年間の域内総生産で9000万ドルです。松野町が独立国だと仮定すると世界190位です。これと同じ規模の国家は、ナウルというオセアニアの国です。日本は市町村の一つ一つが国家レベルなのです。


（令和元年11月13日放送。数字は令和元年）

公園や道端で酒が飲めない外国

節度を持った日本の花見文化

花見のとき、日本人はお酒を飲みます。桜の木の下で、焼き鳥などを食べながら宴会を開きます。これについて日本人は何の疑問も持たないと思います。

しかし、外国で、そのように、野外でお酒を飲んでよい国はあまりありません。ニューヨークやロンドン、パリなどの公園で酒を飲み始めたら怒られます。全てが絶対にダメというようなことはないかもしれませんが、多くは禁止されているか、お酒を飲んでよい場所は決まっています。

道端でお酒を飲むと逮捕される外国

道端で酒を飲むと逮捕されることもあります。スラム街などではよいかもしれませんが、公共の公園や道端で何人も集まって酒を飲むのは許されません。

花見は外国人から見ると驚きです。日本では野外で多くの人たちが飲酒しても、秩序が保たれていますが、信じられない外国人もいることでしょう。しかもその輪のなかに、女性や子供もいるのです。こんなに風紀が守られた平和な酒盛りがあることが、世界では奇跡的なのです。

ですから、外国人も最初は恐る恐る、花見をします。すると「芝生の上でお酒を飲むことって楽しいね」みたいになります。

日本では、花見でお酒に酔っぱらってしまう人もいますが、それでも、前後不覚になるほど酒は飲みません。日本中のあちこちで酒を飲んでも、乱痴気騒ぎになったり、性犯罪が多発することはありません。

逆にそのような酔い方をしたら、たしなめられます。まだ、酒を飲み慣れていない若者は、時々羽目を外しますが、年上の大人たちが介抱したり、説教したりして、酒の飲み方を教えてくれます。日本人は、節度を持ってお酒を飲みます。まあ、最近の若者は酒を飲まない人も増えていますが……。

外国では、集団では酒を飲むと、乱痴気騒ぎになって、性犯罪が多発するため、禁止しているところが多いのです。

節度があるから楽しい花見

日本人は節度を持って花見をしています。外国の方にもその文化を味わってほしいと思います。ただし、節度を持っているということを忘れないでほしいです。暴行事件が起きたら、日本でも花見は禁止されるでしょう。

花見の楽しさは、節度があるからです。その文化を学んで、壊さないようにしてほしいです。

(令和6年4月11日放送)

花見の聖地・千鳥ヶ淵（写真／アフロ）

反省すべきこともあったが、よい点もいっぱいあった

日本の歴史は素晴らしい

私は日本の教科書（『国史教科書』）を書いている中で大きな発見をしました。それは、日本の歴史は事実を淡々と並べるだけで、すごいということです。軍国主義がどうのこうのと批判する人はいますが、特別、脚色する必要はありませんでした。

本当に、事実を淡々と書くだけで十分すごいのです。２０００年間、一度も王朝交代がなく続いている国は人類の歴史上、他に例がありません。

それ以外にもすごい点はいろいろありますけれど、脚色をする必要はありませんでした。一を十に膨らませる必要もない。ありもしない話を作る必要もありません。逆に、隠蔽しないといけないエピソードもありませんでした。

めちゃくちゃ素晴らしい話と、めちゃくちゃ恥ずかしくて反省しなきゃいけない話を含め、全部ただ並べただけです。それで、あとは日本を好きになるも嫌いにな

るも、ご自由に判断してください、という教科書です。

私の書いた教科書を批判している人は、部分的なところだけを、揚げ足を取るように批判しています。教育勅語をコラムにしているとか、それだけで叩くわけです。「本当に全部読んだんですか？」と聞きたくなります。読んでいないでしょう。読んでいなくて批判しているわけです。全部読んだらわかります。

保守の人は書かないような、日本に対する猛烈な批判も多く入っています。私の教科書を批判する人は、そういうところには、決して触れません。

私の教科書はとにかく面白いのです。これまで私は様々な本を書いてきましたけれど、教科書はそれらの本と大きな違いがありました。それは、学術的にいえることしか書けないことです。個人の感想的な部分は検定ではねられます。

しかし、いままでの日本史の教科書は、学説として成立していることは教科書に書くことができるのをよいことに、日本人であることが嫌になってしまうような逸話だけを並べていました。

これまで左派が作ってきた教科書がひど過ぎた

私の教科書は、光も影も両方とも学術的にいえることが並んでいます。ここが大きな違いです。日本人が嫌になることだけを書いているわけではありません。しかし、誇れることだけを書いているわけでもありません。

日本の歴史の光と影の両方を書いたのが私の教科書です。これまで左派が作ってきた教科書はひど過ぎました。日本の負の部分にばかり光を当てて、日本はひどい国だ、自分たちの先祖は、ろくでなしだってことを、ずっと書いてきたわけです。

確かにそういう部分もあるかもしれません。反省しなきゃいけないところもあります。しかし、それだけを聞かされたら日本人であることが嫌になります。

ですから、ある意味、私の書いた教科書はフラットです。右も左も関係なく、事実を淡々と並べるだけの、一番まっとうな教科書です。日本にはよいところもいっぱいあったということがわかると思います。

（令和6年5月2日放送）

縄文時代の大規模集落・三内丸山遺跡（写真／アフロ）

言語能力が高い日本人

日本人が作った中国語

和製漢語というものがあります。中国で使われている中国語には、日本人が作った中国語が多くあります。それが和製漢語です。

幕末維新の頃に外国から多くの言葉が入ってきました。オランダ語やフランス語、英語などの様々な言葉です。

もちろん、中国にも同じように様々な国から様々な言葉が入ってきました。そのような外来の言葉を、中国でも中国人が中国語に翻訳しました。

日本でも日本人が翻訳したわけです。日本人が作った漢語は和製漢語といいます。福沢諭吉先生などが多くの和製漢語を作りました。この和製漢語が中国人が翻訳した漢語よりも、よりしっくりくるということで、中国大陸で大人気になりました。

いまでも、中国で使われている言葉の中には、日本人が作った数々の和製漢語が入っています。例えば「中華人民共和国」の言葉。ここで使われている言葉のうち「中華」以外は全て日本人が作った言葉です。

「人民」も「people」という言葉を、何かよい言葉に訳そうとして中国古典から引っ張ってきて「人民」としたのは日本人です。「Republic」という言葉を「共和国」と訳したのも日本人です。これらの言葉は幕末日本になかったものです。中国にもありませんでした。

共産主義とか共産党という言葉を作ったのも日本人です。現在、中国で使われている学術用語の約70％は日本人が作ったといわれています。

有名な言葉に「電話」があります。中国語では「电话」と書きます。発音はディエンファーですが、これも日本人が作っています。それを中国人が簡体字にして、中国人が発音しやすいようにしただけです。

このことは、多くの中国人が知らないと思いますが、それだけ日本人は言語能力が高いということなのです。

（令和6年4月4日放送）

カブスの今永投手が見せた仕草

アメリカが日本文化を大絶賛

「今永昇太にアメリカで賞賛が広がる。日本人には珍しくない振る舞い、日本文化は敬意に満ちている」という「THE　ANSWER」編集部のネット記事があります。令和6年5月24日の記事です。

今永投手の帽子のつばに手を当てる仕草が礼儀正しいということで、アメリカで騒然となっているという話です。ちょっといい話です。

日本人の感覚だと当たり前ですが、アメリカで話題になっているということなので、記事を紹介しましょう。

カブスファンでよかった

「試合中の振る舞いに注目

米大リーグカブスで1年目から防御率0・84と大活躍している今永昇太投手、そのキャラクターでもシカゴで愛される存在になっているが、米メディアに取り上げられて話題になっているのはマウンド上で見せる仕草だ。

現地で番組出演した際に行動の理由を語っていたが、これを知った米ファンから『自分がカブスファンなのが嬉しいよ！』『日本の日常は敬意のもとに成り立っているんだ』などと称賛を浴びていた。

米スポーツ専門局ESPNの番組『パット・マカフィー・ショー』に出演したときのこと。司会のパット・マカフィー氏から尋ねられたのは、試合中に球審に対して見せる仕草のことだった。

新しいボールを受け取る際、今永は帽子のつばに手を当てて頭を下げている。日本ではよく見られる光景で特別珍しいわけではないが、アメリカでは礼儀正しい振る舞いとして称賛を受けている。

MLBの公式Xで取り上げられるほどだった。

マカフィー氏から、『それは日本でやっていたのか、それが日本で普通なのか、ただ単に審判が嫌いで話したくないからお辞儀しているのか』とジョーク交じりに聞かれた今永は笑いながら『日本では帽子を取って相手にお辞儀をするというのが一つの礼儀として伝統があるということと、礼を学んで成長してきたので、プロ野球でもやっていた。審判の人は決して嫌いではないです』と笑顔で返していた。

放送後、ESPNの番組スポーツセンターの公式インスタグラムでも『敬意を示す日本の伝統』として今永の振る舞いが紹介されると、米ファンからは『自分がカブスファンで嬉しいよ』、『日本の日常が敬意のもとに成り立っているんだ』、『今までたくさんの文化に触れてきたけど、日本の文化は最も敬意に満ちているよ』、『良いね』、『素敵だわ』などと称賛が集まっていた。

番組内で今永は『本当は帽子を取りたいんですけど、帽子を取っているとピッチクロック・バイオレーションを取られるので』とも説明。マカフィーに感心されていた」(THE ANSWER編集部、令和6年5月29日付)

日本の文化は敬意に満ちている

アメリカのルールでは、テキパキと投げなくてはいけません。帽子を取って挨拶していると、それだけで、1、2秒が経ってしまいます。それが、できないということで帽子のつばのところに手を当てて、少し頭を下げるという仕草に落ち着いているということです。

「本来であれば帽子を取るんだ」というは、アメリカ人にとってはより驚きかもしれません。日本の文化は敬意に満ちているのです。

（令和6年5月30日放送）

盛岡市（2023年版2位）、山口市（2024年版3位）

日本の地方も魅力満載

朝日新聞の夕刊に、ニューヨーク・タイムズが、毎年発表している「今年行くべき52カ所」の第2位に盛岡市が入っていることを紹介しています。

第2位ということで、盛岡の人もビビっていることとです。「なぜ、うちが？」と疑問だそうです。第1位は順当にロンドンでした。記事を見てみましょう。

「米紙ニューヨーク・タイムズ（NYT）が1月に発表した『2023年に行くべき52カ所』に盛岡市がロンドンに次いで2番目に紹介され、海外の観光客から注目を集めている。人口30万人弱、みちのくの地方都市に脚光が当たったのはなぜなのか」（朝日新聞夕刊、令和5年2月27日付）

「52カ所はニューヨーク・タイムズの記者が推薦した世界各国の都市から毎年選ばれる。国内ではこれまで大阪・東京・京都などが選ばれていて、今年は盛岡市の他、福岡市が19番目に載った。

ニューヨーク・タイムズの記事は盛岡市について、混雑を避けて歩いて楽しめる美しい場所。山に囲まれ、いくつもの川が流れる豊かな自然がある盛岡城跡や赤レンガの岩手銀行旧本館など和洋折衷の伝統的な建物が並ぶ。東京から新幹線で約2時間などと紹介している。その盛岡を推薦したのはライターのクレイグ・モドさん」（同前）

地方都市も大切にしないといけない

モドさんは鎌倉在住の方らしいです。

「2月7日は盛岡市を訪れ、市長と対談。日本滞在23年で各地を巡ってきた。盛岡市は20年に初めて訪れ、市民の優しさにプラスして料理が美味しく、歴史がある町並みが歩きやすいと惹かれたという。

ただ今回の2番目掲載は寝耳に水だった。盛岡いいよとニューヨーク・タイムズ編集部に何度もアピールしたことを振り返り、私の情熱ですかねとニヤリ。

大きい町だけではなく中核の市も大事にしていかないといけないので、この掲載順序に間違いない。日本に来たら京都や広島ばかりでなく、東北もぜひ冒険してほしい」（同前）

盛岡が選ばれた理由は、ライターのクレイグ・モドさんがニューヨーク・タイムズに「盛岡いいよ、盛岡いいよ」と何度も送ったからだということです。そしたら本当に第2位に選ばれてしまったのです。

私は盛岡冷麺が好きです。うまいです。普通の冷麺はそんな美味しいと思わないですが、盛岡冷麺は別格です。日本の地方にも魅力が満載です。ライターのクレイグ・モドさんも、ニューヨーク・タイムズもよいところに目をつけました。

（令和5年3月2日放送）

※追記　2024年にニューヨーク・タイムズが発表した「今年行くべき52カ所」には第3位に山口市が入っています。山口市を推薦したのもライターのクレイグ・モドさんです。かなり日本の地方都市の魅力にハマった人なのでしょう。日本は至るところに魅力がありますから。

盛岡冷麺（写真／アフロ）

ズワイガニは美味しい

カニはいろいろありますが、多分ズワイガニが一番うまいのではないでしょうか。タラバガニも美味しいですけど、やはりズワイです。毛ガニも美味しいですけど、やはりズワイガニです。

タカアシガニも食べましたけど、マジでデカくて迫力があってよいのですが、やはりズワイがよいです。上海ガニも美味いですけども、ズワイガニです。

花咲ガニよりズワイガニです。ワタリガニも美味しいですよね、当たり前に美味しいです。でも、やはりズワイガニです。

多分、トップオブカニは、いまのところ私はズワイガニでしょう。

カブトガニですか？　あれは一番不味かったです。カブトガニを食品と言ってはいけません。あれは見るものであって、食べるものではありません。

セコガニは、ズワイガニです。富山で採れる紅ズワイガニは、住んでいるところは深海で、深度が違います。富山の紅ズワイガニも美味しいですけれど、やはりズワイガニなのです。

ヤシガニですか? ヤシガニはそこそこ美味しかった記憶がありますが、最近まったく食べていないので評価が難しいですが、やはりズワイガニです。

ズワイも、福井で食べるのか、鳥取で食べるのか、京都府の日本海側にもあります。日本海でそこそこ採れますけど、さすが越前というだけあって、福井のズワイガニは美味しいです。本当に美味しいです。

東京の料亭で食べたら、とんでもない値段がしますから、やはり福井の民宿で食べるべきでしょう。安くてうまい。本当にうまいです。

日本にはうまいものが多くあります。地方に行けば、本当に安くて美味しいものが食べられます。ズワイガニもそのひとつです。日本に生まれてよかったです。

(令和6年2月21日放送)

第三章　命をかける日本の防人たち

領空侵犯に対する航空自衛隊の対応は感涙もの

スクランブル発進は常に命がけ

令和6年9月24日、航空自衛隊が領空侵犯のロシア機に警告発射し、フレアを撃ちました。北海道沖の礼文《れぶん》島近くです。

この日、ロシアの空軍機が日本の領空を侵犯しました。しかも3回も入って3時間も居座ったのです。領空に入ったのが3時間ではないですが、その周辺に3時間もいたわけです。航空自衛隊はスクランブル発進（緊急発進）してフレアを撃っています。

フレアを撃つのは史上初

これは航空自衛隊のスクランブルで歴史上初めてのことです。フレアとは戦闘機同士のドッグファイトで、ロックオンされて「やばい撃たれる」となって、実際にミサイルを発射されたときに、それをかわすために放つものです。

ミサイルの中には熱源探知の誘導システムがついているものがあります。戦闘機は火を吹いて飛んでいます。その熱源に向かって食らいついていくのです。そういう誘導弾に対してフレアが有効です。

火の玉をポンポンポンポンと撒くわけです。そうすると誘導弾がそれを戦闘機のエンジンの熱だと思って、そこに食らいついていくというわけです。一種のおとりです。

だから、威嚇《いかく》射撃として使うのは本来の使い方とは違います。領空侵犯機があって「おいおいそこは日本だよ。出て行けよ」といってフレアを撃つのは、本来のフレアの使い方とは違います。

しかし、フレアは、ただの火の玉ですから、別にそれに当たったからといって機体が損傷するわけではありません。だから、実弾を撃って威嚇射撃するよりも、かなり控えめな威嚇なのでしょう。フレアを撃つと火の玉がポンポンポンポンと出ますから、少し威嚇していることがわかります。

ただし、それで、領空侵犯機が出て行ってくれるとは思えません。

敵が撃つまで撃てない自衛隊

領空侵犯に対する航空自衛隊のパイロットの対応は感涙ものです。

自衛隊のマニュアルでは、外国籍航空機などの領空侵犯があると、自衛隊機はスクランブル発進します。そして、無線で領空侵犯機に声をかけます。

「もしもし、いま飛んでいるところは日本の領空ですよ。帰ってくださいね」と冷静沈着に話しかけます。これが基本です。

それでも、相手機が領空侵犯をし続けていると自衛隊機は威嚇射撃します。

その第一段階が先述のフレアです。

そして、それでもダメな場合は、並走して飛び、進行方向に向かって実弾を撃ちます。

相手機に向かって撃ったら、撃ち落としてしまうので、進行方向に撃つわけです。

撃ち落としたら戦争になりかねません。

さらに、それでも侵入し続けたらどうするのか、それは強制着陸させる段階に入ります。

しかし、実際にロックオンもしないで、相手が素直に強制着陸するかといえば、疑問です。ただし、自衛隊は専守防衛なので、撃たれない限り撃ってはいけませんし、ロックオンもできません。

これで、よく日本の領空を守れるなと思います。ミサイルを撃たれたら、そう簡単には、逸れられません。相手が撃つのを待つというのは、死を覚悟することです。

専守防衛でない国は、もちろん、領空侵犯機の対応はまったく異なります。例えば、自衛隊機がロシアの領空を侵犯したらどうなるでしょうか？　例えば、中国の領空を侵犯したらどうなるでしょうか？

非常に簡単な話です。領空侵犯機の後ろについてロックオンです。そして強制着陸です。だから、領空侵犯した航空機は、敵国の戦闘機がスクランブル発進して来たら、すぐにその国の領空を離脱します。

離脱しない限り、すぐにロックオンされて「どこどこの空軍基地に降りなさい」

と命令され、「これに従わなかった場合は即撃墜するぞ」と警告されて、従わないと本当に撃墜されます。

日本の場合は自衛隊の方からロックオンはできません。ロックオンはイコール「攻撃開始」なので、専守防衛に反するからです。

これは厳しいです。手足を縛られて戦っているようなものです。これでは国を守れません。警察に毛が生えたようなものです。敵機にしてみれば、撃ってこないのですから、怖くも何ともありません。

憲法9条が自衛隊員を危機にさらしている

実際、9月24日のロシア機がそうでした。3回も日本の領空を侵犯し、3時間も居座っていたのです。もし、これが自衛隊機で、場所がロシアや中国だったら、撃墜されていますし、撃墜されても文句はいえません。領空侵犯している方が悪いのですから。

しかし、日本は別です。領空侵犯機はフレアなど撃たれても痛くも痒《かゆ》くもありません。実弾を撃たれないのですから、へっちゃらです。日本をなめ切っています。一方、自衛隊機は命がけです。撃たれるまで、撃てないのですから。世界でも非常に優秀な隊員たちですが、非常に厳しい中で対処しています。本当にかわいそうです。

憲法9条が、自衛隊員を危険にさらしているということが、なぜ、左翼はわからないのでしょうか。早急に憲法を改正して自衛隊の位置付けを明確にし、自衛のための攻撃は許されるとしなければ、ダメです。

（令和6年9月24・26日放送）

辛坊治郎氏を助けた世界に誇る技術

海上自衛隊の救難飛行艇US－2

私もよく知る辛坊治郎さんですが、令和3年、ヨットでの単独太平洋横断に成功しました。しかし、平成25年（2013）の挑戦のときは失敗しています。その失敗したとき、辛坊さんを助けたのが海上自衛隊の救難飛行艇US－2です。このUS－2ですが、いったんは生産終了が決まりましたが、一転、生産を継続することになりました。

辛坊さんのヨットは、日本列島から1200㎞も離れたところで遭難したそうです。US－2は長距離を飛べて着水と離水ができる優れモノの救難飛行艇です。それも3mの荒波の中でも着水と離水ができます。

もし、この飛行艇がなかったら、辛坊さんは遭難したまま助からず、生きていなかったでしょう。辛坊さんはギリギリのところで助かりました。これ以上、陸から離れていたら、US－2でも行けなかった可能性もあったそうです。US－2を見た辛坊さんは神を見た気がしたのではないでしょうか。

波の壁に囲まれた船を救助

ちなみに、3mの波がどんな波かというと、ヨットに乗って周りを見た時に、ヨットが波の上に上がった時は周りが見えますが、下がるとヨットの周りが波の壁に囲まれてしまうそうです。

そんなところに、救難飛行艇が着水するのです。これが日本の技術のすごいところです。さらに、3mの荒波に着水できるだけではダメで、離水もできなければなりません。それでなければ、救助は不可能です。

3mもの荒波から離水するためには、短距離で一気に飛び立つ必要があります。助走などして3mの波をバコンバコン超えていたら、飛び立つことなどできません。数mで飛び立たないと無理なのです。そのために〝ブワッ！〟と一気に飛び立つだけのパワーと揚力が必要です。これがすごい技術なのです。

世界唯一無二の技術

荒波の中で離発着ができて、しかも長距離を飛ぶことができる。これが日本の力です。こんな性能のよい飛行艇を作ることができる国は、世界で日本だけです。日本は戦前から二式飛行艇とか、かなりレベルの高い飛行艇を持っていました。その技術の積み上げが、このUS－2を生んだのです。

これは世界に売ることができます。しかも、これは武器を積んでいません。救難飛行艇ですから世界に売っても、現憲法下でも問題ありません。

私は、これを世界に売るべきだと思います。それを生産打ち切りというのは、非常におかしな話です。これほどすごい性能のものを外国から買おうと思っても存在しません。

打ち切りにならなくて本当によかったと思います。そして、より多く生産して、世界に売って、より多くの世界の人々を日本の技術で救ってほしいと思います。

（令和6年8月22日放送）

救難飛行艇US-2（写真／アフロ）

ものすごく信頼されている日本の技術

アメリカ艦船を日本で修理

アメリカの第7艦隊の艦船を日本企業が修理することになりました。読売新聞令和6年1月20日の記事にあります。「米海軍第7艦隊の修理、日本企業に委託へ……揚陸艦『ニューオーリンズ』で月内に開始」。

いままでアメリカ軍の艦船は、アメリカでしか修理していませんでした。そのため、日本にいてもわざわざアメリカに帰っていたわけです。

艦船は軍事上の機密がいろいろあります。他国に修理させると、その機密がバレてしまうかもしれませんし、何か仕かけられるかもしれません。

日米軍事同盟の絆がより深まった証

日本企業がアメリカ軍の艦船を修理できるということは、それだけ、アメリカが日本の企業を信頼しているということです。これはすごいことです。日米の連携も、ここまで来たのか、と感心させられます。記事を引用しましょう。

「ラーム・エマニュエル駐日米大使は19日、米海軍艦船の大規模修理を日本の民間会社に委託するために、日米で作業部会を発足させたことを明らかにした。

対象は、米海軍横須賀基地（神奈川県）に司令部を置く第7艦隊所属の艦船。従来は米本土の造船所で対応してきたが、派遣先の日本でも修理ができるようにすることで、日米による抑止力を高める狙いがある。

19日、同基地を訪れたエマニュエル氏が公表。『第7艦隊の艦船を常に稼働可能な状態にしておくことが重要だ。日本と米国が能力を発揮し、自由で開かれたインド太平洋のために貢献できることを願う』と強調した。

最初の修理は佐世保基地（長崎県）に配備されている揚陸艦『ニューオーリンズ』（満載排水量2万5000トン）で、1月末までに開始するという」（読売新聞、令和6年1月20日付）

揚陸艦の「ニューオーリンズ」は敵の陣地に兵員を輸送する船です。強襲揚陸艦です。兵員だけでなく、ヘリコプターや重機類も含めて輸送します。台湾有事が起きたときに、まず活躍するのが、この揚陸艦です。

今回の決定で、アメリカ本土まで運んで修理していたものが、日本で迅速に修理できるようになり、切れ目なく防衛体制が取れることになります。

1本のビスもなくさない日本の整備

これは、日米の軍事同盟がより緊密になり信頼度が高まっただけでなく、やはり日本の技術の腕前をアメリカがわかったというのが大きいと思います。

航空機については以前より、自衛隊が米軍機の整備を担ってきました。私がある自衛官から聞いた話ですが、飛行機の整備に関して、日本はものすごくアメリカ軍から信頼されているそうです。

アメリカ軍の戦闘機のコックピットには、ビスとかネジがポロポロ落ちていたりするそうです。「あれ、どっか落ちた。まあ、いいか」みたいな状況だそうです。

これが、アメリカ軍では普通のことだそうです。

しかし、自衛隊では、1本でもネジがどこかに落ちてしまったら、見つかるまで何日かかっても探すと言っていました。1本のネジも紛失は許されないというのが日本の整備員たちの意識です。アメリカ軍と自衛隊では、全然、意識が違うのです。だから「すごい、すごい」とアメリカ軍兵士から言われますが、日本人からしたら、当たり前の話です。

アメリカ軍からすれば、日本人が整備すると、飛行機のコンディションがすごくよいので、日本での整備を拡大させています。ものすごく信用されているのです。日米軍事同盟の緊密度がより高まっただけではなく、アメリカ軍にとって、日本人に整備させた方が、飛行機にしろ、艦船にしろ、よりパフォーマンスの高い運用ができるということです。

今回は取り決めで、日本が担う修理や整備は揚陸艦が第1号になりましたが、今後、空母だったり、イージス艦だったり、いろいろなものを日本側が整備することになるかもしれません。

（令和6年1月25日放送）

異例の八カ国合同空挺降下訓練

すごい信頼関係で為し遂げた隊員たち

毎年1月に習志野駐屯地にある陸上自衛隊第一空挺団が降下訓練始めという演習をします。これは一般の人も見学することができます。ちなみに、日本の落下傘部隊は習志野にしかありません。

令和6年1月7日には、日本以外の七カ国が参加して、初めて八カ国で合同空挺降下訓練始めが行われました。令和5年にはアメリカとイギリスが参加して三カ国で合同空挺降下訓練始めが行われましたが、令和6年にはそれ以外に、フランス、ドイツ、カナダ、オランダ、インドネシアが参加しています。

八カ国です。アメリカやイギリスだけでなく、八カ国の友好国の軍隊が合同で空挺降下をしました。これはすごいことです。例えば米軍機から自衛隊員が降りてくるわけです。もしくは、自衛隊機から米軍の空挺部隊が降りてくるわけです。

これは、かなり綿密な打ち合わせと、お互いの信頼関係がなければできないことです。

相手を信頼してパラシュートを交換する

共同訓練をするときには、自衛隊と米軍でパラシュートを交換することもあるそうです。自衛隊が米軍のパラシュートで、また米軍の軍人が自衛隊のパラシュートで降りてきます。これは自分の命を相手国の人に託すということです。「パラシュート交換しよう！」「ＯＫ」とできるのは、相手を信用しているからです。もし、何かのミスがあれば、自分が死ぬわけですから、こういうことはできません。絶大な信頼関係がなければできないのです。すごいことです。

空挺の降下訓練は、非常に重要です。同じ釜の飯を食うレベルではありません。各国間の信頼が大変深まるのです。

（令和６年２月21日放送）

※追記　令和７年１月12日には、新たに五カ国が参加し、合同空挺降下訓練が行なわれ、さらに各国間の信頼は深まりました。

ＡＵＫＵＳが求めた最先端技術

日本の潜水艦技術を世界が欲しがる

世界が認めた日本の技術に、潜水艦の技術があります。このことは非常に重要です。日本が、ＡＵＫＵＳ（オーカス、アメリカ・イギリス・オーストラリア三カ国軍事同盟）に技術協力します。

アメリカ、イギリス、オーストラリアの三カ国の軍事技術アライアンスに技術協力できる国がどこにありますか。世界トップクラスの軍事技術を持つ三カ国です。その三カ国が手を組んでいるのですから、技術力も半端ではありません。

しかし、そこに日本の技術力が求められているわけです。技術協力を依頼するということは、相手方を本当に信頼しないとできないことです。

特に軍事技術は、民生用の技術に対して頂点に君臨する技術です。各産業のトップレベルが集まっているのが軍事技術です。

「ぜひ、日本に加わってくれ」ということは、軍事技術の中で、アメリカ、イギリス、オーストラリアが持っていなくて日本が持っているものがあるからです。日本にそのような技術がなければ、三カ国が誘うわけがありません。

三カ国になくて日本が持っているもののうち、いくつかの協力分野が出てきました。特に対潜水艦の戦闘能力は、日本は最高のレベルです。日本は通常動力艦を使っているわけですが、通常動力の潜水艦で日本は世界最高レベルです。アメリカ、そしてイギリス、オーストラリアからしても、喉から手が出るほど欲しい技術なのです。

当初、オーストラリアは通常動力艦を買うことを検討していて、日本から購入の話もありました。それが急に、蓋を開けてみたらAUKUSになり、原潜を買うことになりました。

私は、原潜より通常動力の方が使えると思いますが、どちらにしろ、三カ国は日本に協力を求めてきました。それほど、日本の軍事技術は高いということです。

（令和6年3月28日放送）

日米関係がしっかり連携していることが世界平和の礎

日本とアメリカが世界平和を守っている

私が以前から述べている日本の立ち位置のことですが、日米がしっかり連携できていることが世界平和を築いていると思います。日米関係が冷え切っていたのを亡くなった安倍晋三元総理がギュッとよりを戻しました。

日米関係は世界の様々な関係がある中で、最も重要な関係です。国連加盟国は193カ国ありますが、世界中で最も重要な関係は日米関係だと思います。

これは、日本人であることを抜きにして考えたとしても、そうなのです。

なぜかといえば、世界第1位の経済大国はアメリカです。日本は現在、中国に抜かれていますが、3位です。ドイツに抜かれて4位になったともいわれますが、少し円高になれば、すぐに3位になるでしょう。

アメリカは太平洋を挟んで日本と隣同士です。中国とも隣同士です。アメリカと日本がしっかり連携していれば、太平洋の平和が保てます。中国の覇権主義も抑えることが可能です。

日本とアメリカがしっかりと連携していたら、これはものすごく強いわけです。

日米が基本となって日米英のゴールデン・トライアングルができる

イギリスの経済力は、もっと下です。経済力だけで全てが決するわけではありませんが、日米関係がしっかりと連携していれば、アメリカと同盟関係にあるイギリスやオーストラリア、そしてカナダも加わってきます。

特にイギリスは軍事大国ですから、日米がしっかり連携できていれば、そこにイギリスも連携し、日米英の三角関係ができます。これはゴールデン・トライアングルといってもよいぐらいでしょう。日米がしっかり連携でき、そこにイギリスが関わってくる。これによって、世界平和の礎が築かれるのです。

(令和6年3月28日放送)

もし戦争が起きたらあなたは戦いますか？

まず、軍事訓練が必要

電通総研が行っている世界価値観調査では「戦争が起きたときあなたは戦いますか」という質問に対して、戦うと答えた数は、日本がぶっちぎりの低さでした。戦うと答えた方は13％しかいません。

軍事訓練を受けてない人には愚問

私は、この答えに憂いを感じる反面、考えさせられました。「あなたは戦いますか」と聞かれても、軍事訓練を受けてもいないのに、戦いようがありません。軍事訓練を受けてない人が戦うといったところで何の意味もないのです。

軍事訓練を受けて、初めて戦うのか、戦わないのかの選択肢が成り立つわけです。軍事訓練を受けていない人が「戦いますか」と質問されても、戦うも戦わないもありません。「戦えません」。以上です。

軍事訓練を受けてないのに、8割、9割ぐらい人が戦うと答えていたら、その国は単なる空元気の国でしかありません。戦うか戦わないかと問う前に、戦えるのかどうかを問う必要があります。

戦えるようになった上で「俺、戦わない」というのか、「俺、戦うよ」というのか、初めて意味を持ちます。

私は、日本人も軍事訓練を受けるべきだと考えています。戦争が起きた時に戦うか、戦わないかは別として、軍事訓練を受けることによって、軍事訓練を行うことの意義を知り、自衛官と接することによって、自衛隊に対する認識も変わると思います。

だから、私は、徴兵はすべきと考えていますが、いきなり徴兵というとハードルが高いので、まずは、国民全員が、ある年齢になったら、予備自衛官になるのを義務づけるというところから始めたらよいと思います。

現在の予備自衛官について、詳しくは次の項目で説明しますが、一般の人がなる予備自衛官というのは、年に5日間、毎年訓練をして、いざとなったら後方支援などに携わるものです。即応予備自衛官といって、年30日間の訓練で、一般の自衛隊員と同じ任務を負う人もいますが、そこまでいかなくても、もう少し訓練をして、いざとなったら戦える状態にする方法もあると思います。

徴兵制のように、1年も2年も兵役につくわけではない

徴兵制のように1年、2年と兵役につくわけではありません。他国が日本に攻め込んでくるような状態になったら、銃を取って戦えるように訓練しておくというものです。

年に5日間訓練をするだけです。

制度を変えて10日とか2週間となっても、普段は通常の仕事を持ちつつ予備自衛官はできるのです。

現状でも、大学を卒業して、会社に入ってからも予備自衛官になることができます。年に5日間訓練するだけですから、それほど負担にはなりません。

もし義務化して、いまより日数が増えたとしても、10日とか2週間とかでしょう。

その間は、会社は有休扱いにして、経営的に厳しいところは、国がいくらか負担して、いざというときに備える体制を作るべきだと思います。

そうなれば、ものすごく安い経費で、プラス100万人以上もの戦う力を得ることができます。たとえ、1週間でも、ともに自衛官と一緒に訓練し、飛んだり跳ねたり射撃したりとかすれば、自衛隊に対するイメージも変わると思います。

当然、女子も予備自衛官になります。また、身体的に何か障害があって、飛んだり跳ねたりできない人は、セキュリティでもよいし、コンピュータのエンジニアでもよいし、通信員でもよいですし、障害のあるところを使わない役割を担えばよいわけですから、誰でも予備自衛官になれます。

現在の自衛隊は約25万人です。もしウクライナに侵攻したロシア軍のような軍隊が日本に侵攻して来たら、25万人では対応できないでしょう。その時に、突然、徴兵制を敷いても間に合いません。

であれば、通常から100万人以上の人たちを予備自衛官として確保していれば、かなりの戦力になります。費用も一人当たり10日の訓練として、日当1万円を払っても10万円です。もし、自衛隊員を一人増やそうとしたら、給料以外に様々な費用が年間1000万円くらいはかかってしまうでしょう。100分の1で戦力が確保できるのです。

究極の抑止力

日本に攻めようとする国があっても、25万人の後ろに、100万人以上もの戦う力がいたら躊躇《ちゅうちょ》するはずです。究極の抑止力になります。

（令和6年2月29日放送）

将来を担う若者になってほしい

予備自衛官になって日本を守る

私は、前の項目でも述べたように「予備自衛官になりなさい！」と呼び掛けています。しかし、現在、予備自衛官の充足率は7割です。予備自衛官の制度が始まってから70年になりますが、ここ15年間、同じ状態が続いています。

前の項目でも説明しましたが、予備自衛官は、自衛官を辞めた方、元自衛官が年に何日間か訓練しながら、いざというときには自衛官として役割を果たせるように務めるものです。自衛官はやめたけれども、戦力に加われるように設けたのが予備自衛官です。

元自衛官でなくてもなれる予備自衛官

さらに、元自衛官でなくても、予備自衛官になる試験を受けて、受かれば、まず予備自衛官補になって訓練を受け、そして予備自衛官になることができます。

訓練は、自衛官としての役割を果たせるように年5日間、射撃訓練や匍匐《ほふく》前進などや、体力作りを行います。即応予備自衛官は年30日間です。即応予備自衛官と予備自衛官の違いは、即応予備自衛官は普通の自衛官と同じように第一線に出ますが、予備自衛官は後方支援です。

また、専門的な知識。例えば弁護士だったり、会計士だったり、医師だったりすると、その国家資格に基づいて、より上級の予備自衛官になれます。

英語ができたり、システムエンジニアだったり、通信技術者だったりしても、予備自衛官になることができます。かなり募集の幅が広いので、一度、募集要項をチェックしてみてください。

予備自衛官は迷彩服を着て訓練します。本格的でかっこいいですよ。私の知り合いの看護師さんも、予備自衛官になっています。年齢が高くても、訓練に参加できれば、予備自衛官は続けられます。手当も出ます。

私は大学生や若者に予備自衛官になることを勧めています。

勧める理由のひとつ目は、自衛官の人数だけだと限りがありますが、予備自衛官がたくさんいれば、いざというときに戦力が増えます。

ただし、現在、自衛官の数は25万人ぐらいですが、予備自衛官は3万4000人足らずです。まだまだ、人数が足りていません。

勧める理由の二つ目は、自衛隊に対する理解が深まることです。予備自衛官は民間で働きながら年に何日間か自衛隊の基地に行って訓練を受けることになります。身近に自衛隊を感じることができますから、自衛隊の良き理解者にもなります。

理解者が増えることは、日本の国防に大切です。だから、私は若い人に予備自衛官になってほしいと思っています。若い人が予備自衛官になれば、将来も日本の国は安泰です。

予備自衛官で訓練を受けた人の話を聞くと楽しそうです。ぜひ、若い人には予備自衛官になってほしいですし、周りの若い人に勧めてほしいと思います。

（令和6年5月24日放送）

自衛隊に文句を言うなら守ってもらうな

危機から日本人を守るのが自衛隊

「本当に責められたら自衛隊に守ってもらう」と日本共産党幹部の小池晃さんはおっしゃいましたが、これは人間味があると思います。おかしいですが……。

自衛隊は憲法違反だと普段から言っているのに、いざっていうときには、自衛隊に守ってもらうというのは、ご都合主義も甚《はなは》だしいので、論としておかしいです。

しかし、人間味があります。左派の中でも最悪の人たちは、何と答えるのか。

「反抗しないで殺される道を選ぶ」です。

やばくないですか。攻めてきたら「もう殺してくれ」と。自分の愛する家族が目の前にいたら「一緒に殺してくれ」と、「私達は反抗しません」と、「攻められたら殺されます」と言うのです。

これが本当に血も涙もない共産主義者の左派なのです。

だから、「本当に攻められたときにどうするんですか」と私が詰め寄った時に、「自衛隊に助けてもらう」と言った小池さんの発言はおかしいのですが、人情味があると思います。

生身の人ですから、攻められたら、追い返してほしいのは当然です。攻められたら「殺してくれ」って、人として、そんな馬鹿なことがありますか。自分の愛する家族を「どうぞ、どうぞ、みんな殺してください」と言う人がいますか。

そこまで言うのであれば、確かに筋金入りです。そこまで言うのであれば自衛隊に難癖をつけてもよいとは思います。しかし、いざというときには自衛隊に助けてもらう人が、自衛隊は憲法違反とか自衛隊に難癖をつけるのはおかしいのです。

だから、小池さんが自衛隊に助けてもらうと言った以上、これからは「自衛隊は憲法違反」とか言わないでほしいと私は思います。危険が迫ったら、助けてほしいと思うのが人間です。だから、自衛隊があるのです。

（令和6年5月9日放送）

第四章　卓越した日本の常識

GHQの目をごまかすために作られた文化の日

文化の日を明治の日に

文化の日という名前には何の意味もありません。11月3日の文化の日は、かつて明治節でした。現在「明治の日というのにしたらいいんじゃないですか」という動きが広がっています。これについて記事がありますので紹介します。

「明治天皇の誕生日に当たる11月3日を巡り、超党派の『明治の日を実現するための議員連盟』（会長＝古屋圭司元国家公安委員長）が、すでに定着している『文化の日』に『明治の日』を併記する祝日法改正案の提出を検討していることが31日、分かった」（産経新聞、令和5年10月31日付）

文化の日の併記は必要ない

併記は疑問です。「明治の日」だけでよいと思います。文化の日って何か意味ありますか。祝日というのは国家・民族にとって特別重要な日です。学校も会社も休みます。それだけ重要な日なのです。

例えば、アメリカだったら、キリストに関する復活祭とかクリスマスとか、学校へ行っている場合ではありません。学校も休み、会社も休みで、教会に行くのです。そういう国家・民族にとって、とても重要な、学校に行っている場合じゃないというぐらいの重要な日を祝日としているわけです。

ところで、文化の日は、学校を休んで、日本中の多くの会社を休ませて、国民が何かする日でしょうか。文化しますか？　取ってつけたような祝日です。どんな国でも文化はあります。しかし、カルチャーデイを制定して、学校や会社を休みにしている国がどこにあるのでしょうか。いちいち文化の日など作りません。

日本が文化の日を作ったのは、明治節を祝日として残したかったのです。明治天皇は様々な側面があります。和歌も多く詠んでいらっしゃるし、ＧＨＱに目をつけられないような人畜無害なものなら何でもよかったのです。何か名前をつけて明治節という日を祝日として残したかったから、ＧＨＱの目をくらますために「文化」

としただけです。文化の日に意味はありません。何でも良かったのです。文化の日という名前には何の意味もありません。

もちろん自治体レベルでは文化の日だからと、絵画展や音楽祭などをするでしょう。文化の日にちなんで文化系のイベントがあるかもしれません。

しかし、11月3日が、なぜ祝日なのかといったら、かつて明治天皇の御誕生日だったからです。だから、絶対休みになります。当然、明治時代は天皇陛下の御誕生日ですから休みでした。

イギリスでも、国王の誕生日は君主国である以上、休みです。これは普通のことです。これは国際標準です。でもその後、天皇の代替わりがあったあとも、明治天皇は偉大な天皇でしたし、明治時代というのは、我が国にとって大変重要な大発展を遂げた時代でした。

ですから、この明治時代を顕彰しなきゃいけない、明治時代のことを忘れちゃいけない、そういう思いがあって、何とか11月3日を祝日として残したいという気持ちが、大正、昭和になってもありました。しかし、ＧＨＱが来て「ダメだ、なくせ」と言われたため、こじつけで無理やり残したわけです。

明治時代に意識を向ける日が明治の日

だから、文化の日と併記する必要などまったくありません。これは「明治の日」、何なら「明治節」でよいのです。そして「何で休みですか」と聞かれたら、明治時代は日本が大躍進を遂げたとても素晴らしい時代だった、この時代のことを忘れないように、私たちが明治を継承する、そういう日です、と説明すればよいのです。

例えば、明治の日となれば、明治時代の文化を紹介する展覧会をやりますとか、明治のことを語る講演会をやりますとか、そのように明治に意識を向けようという日でよいと思います。

緑の日も昭和の日に戻しました。文化の日も明治の日に戻せばよいと思います。どこかに遠慮する必要はありません。共産党なんか踏み潰してください。そんなものは。

（令和5年11月2日放送）

ノーベル賞を取るべき日本の文化

古事記

『古事記』こそが、日本でノーベル平和賞を取るべき対象です。

日本国憲法の第9条にノーベル平和賞をとおっしゃる方がいますが、それはあり得ません。憲法第9条はパリ不戦条約の条文とほぼ同じ内容です。

であれば、パリ不戦条約にノーベル平和賞をあげるべきです。「戦争の放棄」は日本のオリジナルではありません。パリ不戦条約にほぼ同じ文言があります。以下が、パリ不戦条約の「戦争の放棄」に関する条文です。

「第1条　締約国は、国際紛争の解決のために戦争に訴えることを非難し、かつ、その相互関係において国家の政策の手段として戦争を放棄することを、その各自の人民の名において厳粛に宣言する。

第2条　締約国は、相互間に発生する一切の紛争や衝突は、その性質または要因

のいかんを問わず、その解決を平和的手段以外で求めないことを約束する」（編集部で一部意約）

一方、日本国憲法の第9条は、以下の通りです。

「第9条　日本国民は、正義と秩序を基調とする国際平和を誠実に希求する。国権の発動たる戦争と、武力による威嚇又は武力の行使は、国際紛争を解決する手段としては、永久にこれを放棄する。

2　前項の目的を達するため、陸海空軍その他の戦力は、これを保持しない。国の交戦権は、これを認めない。」

ほぼ同じです。この不戦条約にならった憲法の条文は、ハンガリーやイタリアなど、ヨーロッパにもあります。

戦争を経ずしてまとまった100の国々

日本国憲法第9条には、何のオリジナリティもありません。もし日本でノーベル平和賞を取るべきものがあるとしたら、冒頭に述べたように『古事記』です。

日本は、1世紀や2世紀頃には100ぐらいの国々に分かれていました。その国が3世紀以降一気に統合が進みます。そして、わずか170から180年後の4世紀末までには、日本列島のほぼ全域が一つの大和の国にまとまるのです。

そして、この100カ国近くの国が1カ国にまとまるにあたって、戦争を経ていません。それが『古事記』からわかります。大国主神の国譲りです。話し合いで国を譲ったのです。

それは作り話だと、戦後ずっと言われてきましたが、証拠が出てきました。荒神《こうじん》谷《だに》遺跡や加茂岩倉遺跡から、大量の銅鐸《どうたく》や銅剣が出てきました。これによって、この地に出雲の国があり、軍事力を放棄して大和の国に加わったということがわかったのです。

さらに、考古学では、3世紀から4世紀には大規模な戦争がなかったことがわかっています。大規模な戦争の跡が発掘されていません。

100もの国が戦争を経ずに一つに統合し、それ以降1600年間、一度の国家分裂もなく続いているわけです。これを世界平和と言わずして、何を世界平和というのでしょうか。

『古事記』を超えるノーベル平和賞などない

『古事記』を超えるノーベル平和賞など、この人類の歴史にはないのです。それを左翼は、憲法第9条にノーベル平和賞を与えよといっています。ちゃんちゃら、おかしな話です。

憲法第9条はパリ不戦条約をコピペしたといってもよい代物です。さらにいえば、1928年にできたパリ不戦条約で平和が実現しているかといえば、そんなことはありません。1939年には第二次世界大戦が起こっていますし、いまでも世界のどこかで戦争をしているわけです。

日本では、歴史的に王朝交替がありません。3世紀から数えれば1800年間、4世紀末から数えても1600年間です。これこそが世界平和のモデルです。これ以上のものはありません。

（令和6年10月17日）

ヨーロッパよりも近代国家である日本

暴力では動かせない日本の政治

欧州では政治家を襲撃する事件が相次いで、民主主義が揺らいでいます。日本では、暴力によって政治が動くことは、明治時代からありません。例えば、暗殺事件によって政治を動かそうとした、二・二六事件や五・一五事件は失敗しています。閣僚を暗殺したところで、結局、何も変わりません。民主主義が導入される江戸時代以前は、辻斬りや天誅などが、幕末から維新にかけて山ほどありました。

それが、西郷隆盛の西南戦争以降は、政治を変えるのは誰かを殺すとか、誰かが集団で集まって威嚇するとか、そういうことではなくて、選挙を通じて政治家を選び、彼らに政治を託して国政を動かすようになりました。

これが民主主義です。だから、国会前を取り囲む運動も全部失敗しているわけです。暴力によって政治は変えられません。自分の好きなように政治を動かしたくて、暴力を振るっても政治は変えられないのです。

これが成熟した近代国家です。選挙を無視して襲撃したり、集団で押し寄せたりして、これによって政治が動くのは近代国家ではありません。

民主主義のスタートはヨーロッパからです。イギリス式の民主主義とフランス式の民主主義と大きく分かれますが、いまヨーロッパに何が起きているのでしょうか。それは、自由、人権をゴリゴリ進める側と、それに対して行き過ぎだと批判する側との衝突です。

自由、人権の行き過ぎを批判する人たちを過激思想や右派のようにいう人たちがいますが、環境保護を叫ぶシー・シェパードやグレタの方が過激で異常です。

ですから、両方とも過激な方に走ってしまって「あいつを殺せ」などという言動になっていきます。それが、現在のヨーロッパでの政治家襲撃が相次いでいる原因です。ヨーロッパ社会の負の部分が垣間見られる事件です。


（令和6年5月23日放送）

日本の視点からの世界史が必要

日本にしかない世界史

世界史という教科は、世界中で日本にしかありません。例えば、ヨーロッパの歴史やイギリスの歴史など、そういう個別の歴史の教科はヨーロッパの国々やイギリスにもあります。

ただし、日本の世界史のように古代から中世そして近世、近現代まで、世界の至るところを俯瞰《ふかん》的に教える世界史は、他の国では見られません。

しかし、私が少し気になっているのは、この世界史がどこか他人事っぽいのです。全ての国に対して他人事で、地球市民的な視点で書いています。

いままでの世界史はヨーロッパ視点の世界史だった

以前は違いました。以前は、日本で教えている世界史はヨーロッパ史観だったのです。ヨーロッパから見た世界の歴史でした。

だから、コロンブスが「アメリカ大陸発見」とか記述されていました。現在は、それは書けません。発見といいますが、ヨーロッパ人が発見する前から人々は住んでいました。ヨーロッパの人たちからすれば、知らなかったのを見つけたということですが、「発見」などと書くのは、もともと住んでいた人たちに対して失礼だろう、ということで、「発見」とは書かなくなりました。

このように、少し前までは、世界史はヨーロッパから見た世界の歴史だったのです。発見という言葉をなくしただけでなく、大航海時代の言葉も同じです。

大航海時代の前からアジアの交易がありましたから、この言葉も使われなくなり「大交易時代」に置き換わりました。西洋の人がやってきて急にアジアでも交易ができるようになったわけではありません。

大航海時代という言葉も、結局はヨーロッパ視点の言葉だということで、このような言葉は、いまは、世界史から駆逐されつつあります。

そして、どうなったかといえば、地球市民的視点です。どこの国の人でも関係なく、平等に地球市民、極端に言えば宇宙人の視点で世界史を綴《つづ》っています。淡々と世界の歴史を語ろうということになっています。

地球的視点の世界史もおかしい

しかし、私には不満です。本来あるべきは、日本人が学ぶべき世界史です。ですから、日本の視点から見た世界史というのが必要だと思っています。これは、私のアイデアです。日本の視点から見た世界史、なぜそれはないのでしょうか。せっかく世界史という日本にしかない科目なのだから、ヨーロッパ視点もおかしいし、地球市民、宇宙人的視点もおかしいのです。

私は、現在、この日本の視点からの世界史を執筆中です。日本史に続いて世界史です。期待してください。

（令和6年7月11日放送）

“新大陸を発見した” コロンブスの評価は変わった（写真／アフロ）

「国民の総意」の意味を知っていますか？

1800年間の歴史の重みが「総意」

日本国憲法第一条は以下の通りです。

「第一条　天皇は、日本国の象徴であり日本国民統合の象徴であつて、この地位は、主権の存する日本国民の総意に基く。」

全法文の中で「総意」は憲法第一条にしか出てこない

この「総意」という言葉は、全法文の中で憲法第一条にしか出てきません。憲法の中にも、他の法律の条文にも、政令にも、総意という言葉は使われていないのです。意思という言葉はあっても総意はありません。

総意は意思ではありません。もし総意が意思であれば「国民の意思」とは「国会の議決」を指しますが、そうではありません。それならば、天皇が天皇である根拠の「日本国民の総意」とは何か。

冒頭に示したように、第一条には、天皇は日本国の象徴であり日本国民統合の象徴であって「天皇の地位」は、主権の存する日本国民の「総意」に基づく、と書いてあります。天皇の地位が日本国民の総意に基くのは、歴史的事実のことをいっているのです。

国会が認めたとか、議決したとかではなくて、歴史の事実に基づいています。天皇の地位は、１００年前も、５００年前も、１０００年前も、１５００年前も、１８００年前もあったわけです。天皇の地位は伝統的存在です。

伝統が残るということは、ただ放置していて残るわけではありません。毎年、毎年、毎月、毎月、その瞬間、瞬間、そのときの日本人が天皇を選び続けてきたわけです。皇室を大切にしていこうとしてきたわけです。

この間、今月も来月も再来月も来年も5年後も10年後も、５００年後も、皇室と天皇がずっと続いていくよう、国民が選び続けてきたわけで、「もう皇室はいらないや」という選択を日本国民がしていたら、そこで皇室は滅びていたわけです。

日本人が、皇室は必要である、皇室を守りたい、皇室があってほしい、という選択を1800年間、日本人がし続けてきたから、今の皇室があるわけです。

天皇の地位は何に基づくのか、それは1800年間、先人たちが選び続け、守り続けてきたこの歴史的事実です。これを総意といっているのです。1800年間の国民の総意なのです。

その時々の選挙で選ばれたなどというレベルの話ではない

今の有権者が国会議員にどれだけ票を入れるとか、そんなレベルの話をしているわけではありません。1800年間、先人たちが選び続けてきた。これが「日本国民の総意に基く」の意味です。歴史的事実を述べているのです。日本人はその重みを知らなければなりません。

（令和6年5月30日放送）

神武天皇の時代から日本人が守ってきた天皇と皇室
（写真／アフロ）

伊勢の神宮は他の神社とは違う

天皇が国民の幸せを祈る場所

伊勢の神宮とは何かについて、私は機会があるたびに申し上げてきました。全国8万あるといわれる神社の中で、伊勢の神宮だけは特別なのです。

どのように特別かといいますと、そもそも民間人が参拝する神社ではありません。長い間、民間人は直接、宇治橋を渡って幣帛《へいはく》を奉ることはできなかったのです。

江戸時代には、お伊勢参りのブームが何度か起こりました。たくさんの人がお伊勢参りに行くのですが、宇治橋は渡れないわけです。宇治橋の手前にある神主の館で幣帛を奉ります。神宮はもともと「私幣禁断」といって、個人が個人のお願いをするという趣旨の神社ではありません。

でも、やはりお伊勢さんに行きたいという人には「どうぞ来ていただいてもいいですけども、宇治橋は渡れませんよ。神主さんのところでね、何か祈りを捧げるのはどうぞ、どうぞ」という具合でした。

それでは、伊勢の神宮は何なのかといえば、わかりやすくいうと、天皇陛下が天照大御神に国民の幸せを祈る場所、もしくは祈らせる場所です。だから、国民がわざわざやってきて、こうしてください、ああしてください、とお願いする神社ではありません。

伊勢の神宮は国民が参拝することを想定していない

そもそも国民が参拝することを想定していません。それでも、明治以降は参拝できるようになりました。私幣禁断の歴史は長かったのですけれども、私幣または私的な幣帛を奉ることができるようになりました。

そこで、私達が神宮を参拝するときに「何を祈ったらいいんですか」ということですが、神宮の原理を知れば、おのずから答えが出てきます。

もう1度述べます。神宮は、天皇陛下が国民の幸せを祈る場所です。そこに「国民が来ちゃったらどうするんだ」という話です。天皇陛下が国民の幸せを祈る場所に「国民が来ちゃってる」わけです。何を祈ったらよいのでしょうか？　祈ることは私事であってはいけません。

天照大御神が「そうか、お前、来ちゃったか、ここは天皇が、あんたらの幸せを祈る場所だぞ。祈られているあんたが来てどうすんだ」と、「でも来ちゃいました」。「そうか、何か願いごとあったら言ってみろ」と天照大神に言われたら何をお願いしますか。

健康とか、お金とか、白馬の王子様とか、願いますか。

国民は天皇陛下のご健康を祈る

天照大御神に「何か一個だけ言ってみろ」と言われたら、私だったら「天皇陛下が、お元気でいらっしゃいますように」と、祈るでしょう。

神宮は、天皇陛下が国民の幸せを祈る場所です。そこに国民が来てしまったら、天皇陛下のご健康を祈る以外に何があるというのでしょうか。

その祈りは私事ではないはずです。普通の神社は、家内安全、学業成就、商売繁盛、何でも祈ればよいのです。しかし、伊勢に行ったら、祈ることはたった一つです。陛下がお元気でいらっしゃいますように、もしくは、それにプラス、日本国が平和に発展しますように、と祈るべきです。

天皇弥栄《すめらぎいやさか》を祈るのです。たくさんの人が伊勢を参拝することは、私は素晴らしいことだと思います。そして伊勢では、天皇陛下が国民の幸せを祈り、国民が陛下のご健康を祈る。何という素晴らしいことでしょうか。

（令和6年2月21日放送）

日本の国土が広がった
西之島が10年で13倍に

東京都の西之島が10年で、面積が13倍になりました。10年前には、新しい国土が誕生したと大騒ぎしました。国生みです。

島ができても、波に削られてなくなってしまうことが多いのですが、どんどん火山活動が活発化して、何メートルになったとか、赤くなったとか、黒くなったとか、成長したとか言って「西之島成長中！」と大騒ぎしました。

西之島をのみ込んで成長を続ける新島

最初は、名前がなかったので、新島《しんとう》という名前でした。新しい島です。後に西之島という名前がつきました。そして、現在、すごく立派な山になりました。西之島が大きくなっていく過程を見て、古事記の神生みも同じようなイメージだと思いました。

「ゴボゴボゴボゴボゴボ、プワー」と島ができるわけです。伊耶那岐神と伊耶那美神が島を生んでいったのは、こんなイメージだと思います。

これによって、国土も広がり、ＥＥＺも拡大しています。記事がありますので、見てみましょう。

「２０１３年に小笠原諸島・西之島周辺の海底火山が噴火し、新島が出現してから10年となる。

繰り返す噴火で二つの島はつながり、西之島の面積は広がり続けた」（読売新聞オンライン動画ニュース、令和５年11月18日付）

西之島があって新島があったのですが、新島がどんどん大きくなって、西之島全体を覆うぐらいのサイズになったということで、現在は、西之島と呼んでいるわけです。

「本紙が人工衛星による画像を調べたところ、10年間で約13倍の約３・９平方キロ・メートルになり、活発な火山活動が確認できた。現在進行形で変化を続ける姿は、研究者から注目を集めている。

西之島は東京都心から南約１０００キロ・メートル離れた無人島。元は、50年前に巨大な海底火山が噴火してできた０・３平方キロ・メートルの小さな島だった。13年11月20日、同じ海底火山の別の火口が噴火して新島が誕生し、その後も溶岩が流れ、元の島はのみ込まれて成長した。

欧州宇宙機関の地球観測衛星『センチネル２』は今年４月〜９月、西之島を43回撮影し、本紙の分析ではその７割で白い噴煙が勢いよく上がっていた。

島は20年に最大規模の噴火をして以降、溶岩ではなく火山灰を大量に放出し始めた。今月16日、本社機が上空から撮影した島は白っぽい灰に覆われ、まるで雪化粧をしているようだった。

野上建治・東京工業大学教授（火山学）は『10年にわたって活発な活動を続けている珍しいケース』と話す」（読売新聞オンライン、令和５年11月18日付）

日本の国土が増えた、ありがたいことです

読売新聞は現地調査をして西之島の規模を確認しました。10歳となった、親王である西之島を飲み込んだ新島の勇姿を、ぜひ見ていただきたいと思います。素晴らしいです。

よくぞ、まあ、こんな立派な山に御成あそばしました。海底でボコボコいっているところから、我々は見守ってきたわけですから、感無量です。標高は優に100m超えています。

どんどん成長していってほしいです。これによって、我が国の国土が増えました。ありがたいことです。

（令和5年11月23日放送）

日本語能力が上がると勉強ができる

本を読むと幸せになれる

国語能力を高めたら、全ての科目の点数が上がります。勉強できる人とできない人の違いは、基本的に日本語能力の問題であると多くの専門家が指摘しています。日本語能力を高めると、全ての科目の点数が上がるということです。

現在、小学校で新しい科目が導入されて、英語を教えたり、プログラミングを教えたり、金融を教えたりと、いろいろ教科が増えますが、それによってどこの教科が削られているのかというと、それは主に国語なのです。

ニュースでは、増えたところだけが話題になって、その分どこを削ったかは、あまり報道されません。英語やプログラミングなどを教える分、国語を削っています。「日本人は日本語ができるよね。国語をちょっと減らしても大丈夫だよね」となっているわけです。

国語能力を上げれば、断然優位になる

しかし、大学受験に成功するかどうかは、国語能力にかかっているといっても過言ではありません。高校受験に成功するかどうかも、国語能力にかかっているといっても過言ではありません。

そのぐらい日本人全体の国語能力が下がっています。その中でしっかりと国語能力を高めていくことができたら、圧倒的優位に立てるのです。

繰り返しますが、国語能力を高めたら、全ての科目の点数が上がります。何なら、国語能力だけでも十分というぐらいの効果があるのです。

皆さんに、もしお子様とかお孫さんがいらっしゃるようでしたら、国語能力を高めるために、本を読むことをおすすめします。国語能力を高める方法の一番は、本を読んで、読んで、読みまくることです。

そうなるためには、その方法も一つしかありません。本を好きになるということです。本を読む面白さを知ってもらうということです。それさえできれば、自然と子供は本を読みます。

子供は面白いことは自ら進んでやります。「寝なさい」と言っても、「いや、読み終わるまで寝たくない」と言うわけです。「遊びに行ってもいいよ」と言っても、「いや、これ読み終わるまで遊びに行きたくない」と言うようになります。

よい人生を送ろうと思ったら、よい学校に行った方がよいです。別によい学校に行かなくても幸せになる人もいますが、その人が充実したよい人生を歩めるかどうかは、勉強するか、勉強しないかにかかっていると断言できます。

福澤諭吉先生はおっしゃいました。「勉強する人間は必ずよい人生を歩む」と。どんなに裕福で、どんなに金があって、どんなに地頭が良くても、勉強をおろそかにしたら、その人はよい人生を歩めない、と福澤先生は断言しています。

「お前らね、よい人生にしたいだろう」と、「だったら、勉強せい」ということです。〝親が〟とか、〝生まれた場所が〟とか、〝自分の身体が〟とか、そんなことは関係ない。もう勉強するか、しないかで全てが決まると、吉田松陰先生も同じことをおっしゃっています。

子供や孫が本を好きになるようにしよう

勉強するために一番大切なのは国語能力です。本が読めないと話になりません。だから、勉強することを考えたときに、1に国語、2に国語、3、4がなくて、5に国語というぐらいに、国語をやるということが重要なわけです。

で、先ほどの話です。どうしたら国語能力が高まるのでしょうか。それは本を読む以外にありません。

で、どうしたらたくさん本を読めるのでしょうか。本を読むのが好きになる、楽しくなることしかないわけです。ここはもう明らかになってきました。

子供とか孫に、どう接したらよいかといったら、どういうふうにしたらこの子が本を楽しんで読めるだろうか、そういうことを考えてあげたらよいと思います。そ
れがその子の国語能力を上げて、幸せな人生を歩む糧《かて》になります。そしてそれが、日本全体をも幸せにすることになります。

（令和6年5月2日放送）

アメリカも原爆を広島と長崎に落とした

戦争で完璧な正義はない

日本はアメリカとの戦争に負けました。確かに、それは失敗です。しかし、そういう失敗は、どこにでもあります。アメリカもベトナム戦争には負けていますし、最悪な方法でアフガニスタンから撤退しています。

大東亜共栄圏は正しかった

日本の失敗については、様々に論議されるべきでしょう。しかし、大東亜共栄圏の理想が誤りだったのかといえば、そうではありません。大東亜共栄圏は正しいのです。

日本陸軍は、アジアの国々を欧米の植民地から開放し大東亜共栄圏を実現するための戦争だ、という気持ちを込めて、先の大戦を「大東亜戦争」と呼びました。

日本は大東亜共栄圏という理想を掲げて戦争をしましたが、負けました。それだけです。戦争そのものに善悪はありません。正しい者が勝つ保証はどこにもありません。負けた者の理想が間違っているわけでもありません。

アメリカが広島、長崎に何をしたのか。大量破壊兵器の原爆を投下し、それによってどれだけの日本の民間人が亡くなったのか。死者たちに塗炭の苦しみを味合わせたのです。虐殺です。体中が焼けただれて死んだのです。それも30万もの民間人です。

東京大空襲でも民間人を10万人以上殺しています。これらの虐殺を、国際法上で正義と説明できるのか、といえば、できません。不可能です。民間人を何十万人も殺しておいて、いくら何でも無理です。

アメリカは正しくはありません。当然、日本も落ち度はあります。戦争とは、そういうものです。どちらかが完全に善であり、どちらかが完全に悪などということはあり得ません。

日本にだって正義がありましたし、一方、過ちもありました。アメリカも同じです。

アメリカは勝ったから民主主義が正義だといえた

アメリカは戦争に勝って日本を占領していたわけですから、日本の戦争目的である大東亜共栄圏を否定します。勝てば官軍です。

それは勝ったからです。負ければ、アメリカの民主主義など、大東亜共栄圏の前に消えていたでしょう。

（令和6年4月11日放送）

アメリカの原爆で破壊された広島（写真／アフロ）

第五章　知っておくべき日本の「真」常識

皇室は朝鮮から来た、その説はもはや妄想です

否定されている騎馬民族王朝説

いまだに、得意げに天皇の祖先は朝鮮人であるという人がいます。

かつて、応神天皇の王朝は騎馬民族王朝であるという説が主張された時代が、戦後にありました。これを信じている人は、天皇の祖先を朝鮮人といいます。

ところが、この騎馬民族王朝説は、その後、歴史学会で完全に論破されて否定されています。だから天皇の祖先を朝鮮人という人は、この騎馬民族王朝説を信じてしまっているところが、まず問題です。

騎馬民族王朝説は単なる妄想

ちなみに騎馬民族王朝説は根拠があって主張されたわけではありません。仮説だったのです。仮説は、その後、学者たちが論争して、その仮説が正しいか、正しく

ないか検証することになります。騎馬民族王朝説は仮説であって根拠はありません。結局、論争と検証の中で否定されて、今、歴史学界では完全に抹殺されています。騎馬民族王朝説を肯定する歴史学者は一人もいません。

例えば、応神天皇から急に何か変わったから、王朝交代があったのではないかと、そういうような根拠自体がありません。応神天皇が朝鮮半島を渡ってきたという状況証拠すらありません。妄想を語ったにしかすぎません。陰謀論的に語っただけです。失われた士族の末裔《まつえい》が日本に来ていた、イエスキリストが日本にいたみたいなのと同類です。いや、それほどの根拠もないレベルです。

完全に論破されています。応神天皇の前後で国家が変わったという跡がありません。もしそういうものがあったならば、戦乱の跡が必ず残るはずですが、それもありません。戦争の跡が、全国的にまったく出てこないのです。

ですから、王朝交代そのものが、否定されています。もし、王朝交代があれば、そこから文化が入れ替わるはずです。ところが、それさえありません。応神天皇の前とあとで文化は同じ方向に積み上げられているのです。

方向性が変わるとか、前の文化が否定されるとかもなく、新しい文化が入ってくることもありませんでした。ずっと同じ文化がつながっています。

どう見てもここで王朝交代はないだろうということで、あの左翼の歴史学者たちが「それはない」と否定したのが応神天皇騎馬民族王朝説です。

母親が朝鮮系でも天皇が朝鮮系になるわけではない

それからもうひとつ、天皇の先祖は朝鮮人だったという説の根拠に、平安時代の初期の天皇である桓武天皇の母親の高野新笠《たかののにいがさ》が朝鮮系豪族の娘ということがあります。そのため、桓武天皇の母親が朝鮮人だといわれますが、これは間違っています。

高野新笠は朝鮮系士族の娘なのです。ですから、家系を遡《さかのぼ》っていけば、朝鮮に行き着くかもねというだけの話です。

彼女の祖先は朝鮮からの帰化人です。渡来したあとに日本に帰化しています。そして、天皇の臣下として仕えてきた一族です。その末裔が桓武天皇の母親だというだけの話です。

桓武天皇は男系の血を引き継いでいるわけですから、母親が朝鮮系であったら、急に朝鮮一族になるのかといえば、なりません。桓武天皇はずっと男系できているわけですから、なりません。

もし、桓武天皇が朝鮮一族になるとなったら、江戸時代には徳川家から徳川和子が皇后になっていますから、今の天皇陛下も徳川氏だというのと同じになります。同じように、上皇后陛下（美智子様）は正田家から嫁いでいらっしゃいますから、天皇陛下は正田氏だというのと同じです。

しかし、そうはなりません。そのために、男系の血統を守っているのです。

（令和5年7月20日放送）

日本に住んでいるなら当然だ！

「君が代」「日の丸」に敬意を

「外国にルーツがあり、これからのグローバル社会に日の丸が逆行している」という人がいますが、これは、おかしな話です。祖国を愛して、その素晴らしさを語れる人が真の国際人であり、グローバル社会に必要な人材なのです。

アメリカは移民の国だからこそ国旗に忠誠を誓う

アメリカ国民は様々なところにルーツがある人ばかりです。しかし、アメリカ国旗だけには忠誠を誓うという大前提があるわけです。アメリカは移民の国です。移民の国だからこそ、みんなでアメリカ合衆国の旗を大切にするのです。

自分たちはアメリカのシチズンだということを誇りに思うわけです。わざわざ縁があってアメリカに住まわせてもらって、アメリカの国旗に敬意を表していないような人が、どうやって他国を尊重することができるのでしょうか。

自分が住んで、あるいは生まれて、お世話になっている国を尊重できない人が、なぜ友達や知り合いの国を尊重できるのでしょうか。

自国の国旗、国歌に敬意を表しないような人は、国際社会では軽蔑の対象になります。

「自分たちのルーツは外だから君が代の強制はおかしい」といいますが、「何いってんだ」という話です。

日本国のお世話になっているでしょう。ぶっ倒れたら、救急車を呼べるのです。誰かが襲ってきたら、すぐ警察が来てくれます。何かあったら裁判を受ける権利もあります。

日本国にお世話になって、年金をもらうのでしょう。日本の企業に働いて、日本企業から収入をもらうのでしょう。

国に散々世話になっておいて敬意を払えないのは間違っている

そのようなおかしな人が歩いているこの道路だって、タダではありません。全部、税金で作られているのです。

散々国家に世話になっておいて「自分のルーツがよその国だから、君が代知らねえ」って、そんなおかしなことはありません。

国歌、国旗に敬意を表すのは、人として当たり前です。

（令和6年4月18日放送）

新天皇陛下の御即位を祝う一般参賀に掲げられた日の丸(写真／アフロ)

ノーベル平和賞の団体が明言した
市民を守るには軍しかない

ノーベル平和賞を受賞した団体が、市民を守る唯一の方法は軍しかないと言ってくれました。ウクライナの人権団体「市民自由センター」の代表が話したことです。

NHKニュース（令和6年8月21日）で報道しているので紹介しましょう。

平和的手段ではロシアの侵攻を止められない

「ロシアによる軍事侵攻からまもなく2年半となるウクライナでは、いまも、連日、激しい戦闘が続いています。ロシア軍の戦争犯罪を記録する活動を行い、ノーベル平和賞を受賞した人権団体の代表は『市民を守る唯一の方法は軍しかない』と話し、平和的な手段で侵攻を止められない現状への苦しい胸の内を明かしました。

おととしノーベル平和賞を受賞したウクライナの人権団体『市民自由センター』

の代表で、弁護士のオレクサンドラ・マトイチュクさんが、先週、首都キーウでNHKの単独インタビューに応じました。

マトイチュクさんの団体では、ロシア側がウクライナの人たちに行ったとする暴力や性的暴行など戦争犯罪を聞き取り、記録する活動をしていて、マトイチュクさんは『プーチンと、ロシアの政治や軍事の幹部を侵略の罪で訴追するという歴史の前例を作らなければならない、将来の戦争を防ぐためには、現在の戦争を始めた国家とその指導者を罰する必要があるからだ』と話し、活動の意義を訴えました。

これまでに7万8000件以上の犯罪を記録したということで、こうした記録をもとに、ロシアの戦争犯罪を裁き、責任を追及するとともに、被害を受けたウクライナの人々が賠償を受けられるようにしたい考えです。

その上で、ロシアは意図的に住宅や学校、病院などへの攻撃を続けていると指摘し『国際社会の仕組みが権威主義や戦争から人々を守れないことに問題がある。残念なことに、いまウクライナの市民を守る唯一の方法はウクライナ軍しかない』と話し、平和的な手段でいまも続くロシアによる侵攻を止められないことへの苦しい

胸の内を明かしました」（NHKニュース、令和6年8月21日付）

ということです。「市民を守る唯一の方法は軍しかないんだ」という実際の紛争地域の、切実な叫びを日本の平和団体は聞かなきゃダメです。武器さえ持たなければ平和が訪れるとか、そんな馬鹿な話はありません。

9条を守っていたら平和ですなんて、あり得ない

軍があってこそ守られる平和があります。武器を持たないからといって、ロシアや中国など、攻めるのをやめる顔ぶれかどうかを見てほしいです。「日本には軍隊がないんだ。そんなところ攻めたらかわいそう」という人たちですか？「軍隊がないんだ。じゃあ行っとこう」という人たちです。

なのに、軍さえ持たなければ、もしくは9条さえ守っていたら平和ですなんて、そんな馬鹿なことがあるわけがありません。

（令和6年8月22日放送）

ウクライナの人権団体『市民自由センター』の代表、
オレクサンドラ・マトイチュクさん（写真／アフロ）

「愛子様が天皇になれないなんてかわいそう」って誰が言った

誰よりも不自由な天皇陛下

「愛子さまが女性だから、天皇になれないなんて、かわいそう」という人がいます。私にいわせれば「お前は何がわかってんだ」という話です。

天皇になることによって、自由が増えるわけでもない。権力が手に入るわけでもない。皇族は不自由ですけれども、天皇陛下になられたら、さらに不自由になります。

天皇になって何かプラスになることがあるでしょうか。財産が増える、自由が増える、権力が増える、というのなら「天皇になれないなんて、かわいそう」という言葉もわかります。しかし、何もプラスになることはありません。

天皇陛下になられたら、少ししかない自由が、ほとんどなくなります。権利も増えません。言論の自由はほぼなくなりますし、職業選択の自由はゼロになります。

天皇になるのは権利ではなく義務

人権がほぼないのです。「天皇にならずに済んでいる」というべきでしょう。愛子内親王殿下は女性として生まれた結果、天皇になる義務から免除されているのです。ある意味、兵役と一緒です。タイとか韓国には、男性は兵役があります。それと同じです。

女性は兵役の義務から免除されています。女性だから天皇になる義務から免れているわけです。

天皇になるというのは、天皇になる権利ではありません。天皇になる義務です。権利ではありません。ここをはき違えています。

「女だからって、天皇になれないなんてかわいそう」といいますが、〝天皇になれたら、いいことがあって、なれなかったらかわいそうなことになる〟とは、どこの情報なのでしょうか。こう話す人は、皇室の何を知っているのでしょうか。天皇のご公務の何を知っているのでしょうか。

どれだけ、個人のことを犠牲にして、ご公務を務めていらっしゃるか、知っているのでしょうか。

テレビでは、何も知らないコメンテーターが、いけしゃあしゃあと偉そうに言っています。ほとんどの言論人はそうです。「女だからって、天皇になれないのはおかしいよね」と言っています。

繰り返します。天皇になるのは義務なのです。権利ではありません。平成28年（2016）に、天皇陛下（現上皇陛下）が譲位のご意向をお示しになりましたけれども、どれだけ個人のことを犠牲にし、全て国民のために生きてこられたか。天皇としての人生を背負っていらっしゃる方のお言葉を聞きましたか。

天皇の地位は権力闘争の末に勝ち取るものではありません。生まれた瞬間から決まった義務なのです。

「女性だからって、逃げちゃいけないと、天皇になる義務を逃れるのはけしからん。女性でもこの義務を背負うべきだ」というのであれば、一応語り口調としては合っています。

愛子内親王殿下には、結婚をされて幸せになってほしい

「女性だから、天皇になれないなんて、おかしい」というのは、何重にも間違っています。「女性だからって甘やかさずに、女性でも天皇の義務を課せ」という方がまだ筋は通っています。私はそうは思わないですが、筋としては通っています。

私は、愛子内親王殿下には、ご結婚をなさって幸せな家庭を築き、これまで不自由なご生活をなさっていらっしゃいましたけれども、御結婚後は少しでもご自分の時間を多く持っていただいて、幸せな人生を歩んでいただきたいと思います。

（令和6年3月21日放送）

日本の品格を表していた最高額紙幣の肖像

品があった聖徳太子と、福澤諭吉

日本って、ダメだなと思います。

渋沢栄一が1万円札の顔になったということは、本当に日本がダメになっている証拠です。これは財務省の勝利です。渋沢栄一は元大蔵官僚です。

彼は銀行を作った、船会社を作った、保険会社を作った、と様々な貢献が語られていますが、私にいわせたら「だから何」という話です。別に渋沢栄一がいなくても誰かが必ず銀行を作ったでしょう。渋沢栄一がいなくても誰かが保険会社を作ったに違いありません。

当時、渋沢栄一は大蔵官僚でしたが、大蔵省を出て様々な事業を創設し、明治の基盤を作ったわけです。しかし、渋沢栄一がいなくても、誰かが渋沢栄一的な仕事を必ずしたはずです。

教育者が最高紙幣額の肖像であることの素晴らしさ

今まで1万円札の顔だったのは福澤諭吉先生ですが、彼がいなければ第2の福澤先生は現れなかったのです。福澤先生がいなければ慶應義塾もないわけです。

日本の品格が問われているのです。いい感じでビジネスをやった人が1万円札の顔になっている時点で、相当、日本はダメだなと思います。

教育者が最高額紙幣の肖像になっていたことは、日本の品格を表していました。日本は教育によって発展してきた国です。

教育さえしっかりしていれば、経済ははっきりいってどうにでもなります。教育さえしっかりしていれば、政治だってどうにでもなります。教育を大切にしてきた日本のすごさを紙幣が物語っていたのです。

十七条の憲法を大切にした国だからこそ聖徳太子

世界の多くの国々の最高額紙幣の肖像は、軍人や王様、国を作った活動家などです。ところが日本は、かつては聖徳太子でした。聖徳太子は「和を以て貴しと為す」ということをおっしゃった方です。もともと、十七条の憲法というのは官僚の心構えを示したものでした。

ただし、官僚だけではなく、一般の国民までもが、十七条の憲法の精神を大切にしてきたのが日本です。だから、他の国だったら国家のトップである人物が最高紙幣の肖像になるにもかかわらず、日本は天皇ではなく、皇太子だった聖徳太子が一万円の肖像となりました。

十七条の憲法を大切にするというのが、日本の素晴らしさです。そして、福澤諭吉先生に切り替わりました。一応、聖徳太子は10万円札用に取っておいたらしいのです。ところが、マネーロンダリングの関係で、高額紙幣を作らない方向になったので、聖徳太子はお蔵入りになってしまいました。

聖徳太子から福澤先生に1万円札の顔が変わった時、私は慶應義塾幼稚舎に入ったばかりでした。福澤先生が、1万円札の顔になることは本当に嬉しかったです。別に、私が慶應義塾の出身者でなかったとしても、先生が最高額紙幣の肖像になることは素晴らしいことなのです。最高額紙幣の肖像になる人は、その国の国柄を示すといってよいでしょう。

外国人は「この人（福澤諭吉）は天皇ですか？　それとも建国した人ですか？」と思うのでしょうが、教育者が最高額紙幣の肖像であることは、日本がすごい国であることを示しているのです。ここに日本の品格があるのです。

経営でうまいことをやったビジネスマンが、最高額紙幣の肖像など、面白くも何ともありません。しかも採用された肖像画が、なぜか毛沢東に似ています。私は、一瞬、毛沢東かと思ってしまったくらいです。もっとよい肖像画があったと思いますが、なぜ、わざわざあれを選んだのでしょうか？

どちらにしろ、渋沢栄一は替えが利かない人ではありません。唯一無二でも何でもないのです。もともとあった日本の品格を壊してしまいました。これでは、教育立国の日本が拝金主義に堕ちたと思われてもしかたありません。

（令和6年9月19日放送）

世界の歴史の常識

戦争に負けると言語がなくなる

普通は、戦争で負けると言語がなくなります。消滅してしまいます。南米の国々はみんなスペインに牛耳られて植民地になり、スペイン語を強制されて、今や現地の言葉は存在していません。

だから、民族の栄枯盛衰とともに、その民族の言葉も繁栄したり衰退したりするわけです。世界で最も使われている英語は、イギリスのあまり繁栄していない地域の方言だったのです。かつてのヨーロッパの共通言語はフランス語でした。

ヨーロッパ貴族はフランス語を話せないと、社交界では相手にされませんでした。ドイツだろうが、ハンガリーだろうが、イギリスだろうが、フランス語を喋らないと話にならないわけです。

フランスの落ちぶれた貴族が海を渡って喧嘩したら勝ってしまって、これがイギリスの初代国王です。ですから、国王は国民と共通言語で話せませんでした。イギリス国王は数百年間フランス語しか話せなかったのです。その間、国民と会話ができませんでした。

それで、途中からイギリスの国王も地元の言葉である英語を話すようになって、今は一体となっています。そして、このイギリスが世界を席巻していきました。また、イギリスの植民地だったアメリカは独立しても言語は英語です。

このイギリスとアメリカの覇権の及ぶ範囲が英語圏です。そしてアメリカは世界最大の経済大国で、さらには世界最大の軍事大国です。そのため、英語圏でなくても、やはり第2外国語を英語に選ぶ国が多いわけです。

こうやって民族の栄枯盛衰とともに、言語の地位も上がったり下がったりします。日本は戦争に負けましたが、言語が残っている稀な国なのです。

（令和5年11月9日放送）

天照大御神は現在も高天原をしらす存在

神話の時代からも男系継承

このような質問が私にきています。「初歩的な質問で申しわけないのですが、天照大御神は女性ですが、万世一系男系になるのはなぜでしょうか？」。

神武天皇が初代天皇です。ということは神武天皇より前に天皇はいらっしゃらないし、皇位もなければ皇位継承もないわけです。つまり皇位継承は、神武天皇からあとのお話なのです。

これが答えですが、そういうことを言うと「何か神話の話は都合が悪いのか」という話になりますから、一応述べておきます。

天照大御神の息子に父親がいたかどうかということについて、150年間議論がありました。近年、150年間の論争が決着しました。天照大御神の息子は天之忍《あめのおし》穂耳命《ほみみのみこと》で、その子孫が神武天皇です。天之忍穂耳命は天照大御神の息子ですが、父親がいたということでこの議論が決着しました。父親は須佐之男命《すさのおのみこと》です。

天照大御神と須佐之男命の誓約《うけい》で生まれてきたのですから、この二人の作用によって生まれたと見ない限り、説明がつきません。天之忍穂耳命の母親は天照大御神ですが、父親は須佐之男命です。そして、須佐之男命の父親は伊耶那岐神《いざなきのかみ》です。つまり神武天皇と伊耶那岐神は男系でつながります。基本的に皇位継承に神話の話は関係ありませんが、神話の話をしても困るわけではありません。神話の話をしても、男系でしっかりつながっています。

そして、天照大御神は天空世界である高天原をしらす存在です。地上でいう天皇です。天照大御神は現在も高天原をしらす存在であって、その地位が継承されたことはありません。「天照大御神は女神じゃないか。最初は女系継承だ」といいますが、そもそも地位が継承されたことはありません。いまだに天照大御神は高天原をしらす存在です。だから、神話は女神で女系継承だという人は知識が足りないだけです。しっかり理解できれば、そんなアンポンタンなことはいわなくなります。


（令和4年10月20日放送）

皇室を守るために想像してみてください

男性皇族と皇統を守る総理の必要性

かつて小泉純一郎内閣で議論があったときのことを思い出してください。「男女同権だし、愛子様はかわいいし、愛子様が女性天皇になると何が問題なんですか」と。愛子内親王殿下が天皇になることに95％が賛成というところからスタートしました。

もし95％の国民が愛子天皇を支持したら、どうなるか？

いくら歴史上で先例がないとか、皇室典範には、それはできないと書いてあると説明したところで、95％が賛成となると、動いてしまいます。そのときに安倍さんのような総理であればよいですが、小泉さんみたいな人がたまたま総理だとしたら、95％賛成という世論を後ろ盾にして、法律を変えてしまうでしょう。

これがリスクなのです。95％賛成となると押し切られてしまう可能性があるわけです。例えば、佳子内親王殿下は、まだ独身でいらっしゃいます。愛子内親王殿下も、まだ独身でいらっしゃいます。

そのお二方が将来、国民的スターと結婚したとしましょう。誰とはいいませんが、野球選手かもしれませんし、芸能人かもしれません。そのような国民的なスターの男子と結婚したとしましょう。

そして皇族に残るとします。そうしたら、その結婚は大フィーバーになるでしょう。そして子供が生まれたら、テレビ番組などマスコミは追っかけます。そして小さいときから、生まれた、生まれた、大きくなった、大きくなったと、みんなが見守るわけです。

「でも、この人は女性皇族の子供だから皇位継承権ありませんよ」となったときに、国民は「えっ、何で」となります。そのときに男性皇族がたくさんいればよいですが、もし男性皇族が少なかったら「この子で何でダメなんですか」となります。

愛子内親王殿下のお子様です。しかもご結婚相手が国民的スターです。生まれてきた子供も頭が良くて、ハンサムで「何でこの子がダメなの」と。そして「この子が天皇になれないなんて、おかしくないか」と。令和時代の天皇陛下の娘さんの息子です。「お父さんはこんな立派な人だし、何が悪いんだ」と、「この人を排除するなんてひどい！」ということで、95％、なんなら98％が「この子が天皇になれないなんておかしい」と、「ワーッ」となったら、もう誰にも止められません。

そのとき石破さんみたいな総理だったら……

そのときの総理が安倍さんなら大丈夫です。石破さんだったらどうなりますか。自民党の将来の総理に95％の反対を押し切って皇統を守れる人がどれだけいますか。「なぜ、愛子様の息子でダメなのか」となるわけです。

だからこそ、皇統を守ることができる総理が日本には必要だし、男性皇族もより多く確保する必要があります。

（令和6年5月23日放送）

安倍晋三元総理のような人材が現れるか……
（写真／アフロ）

自衛官の靖國神社参拝

戦争の悲惨さを伝える遊就館

靖國神社の遊就館ですが、どこを見たら戦争が素晴らしいという展示になっているのでしょうか。意味がわかりません。

海上自衛隊の練習艦隊の自衛官が靖國神社に参拝したということで、左翼がかなり激しく批判していましたが、これについてようやく防衛省が見解を発表しました。

制服を脱いで参拝したら、そちらの方が規則違反

「違法じゃないか」「内規にも違反するんじゃないか」という批判に対する防衛省の見解です。自衛官の制服での靖國神社は次官通達に違反しないということです。

「防衛省の三貝哲人人事教育局長は6日の参院予算委員会で自衛官による靖国神社への集団参拝を巡り『自衛官が制服を着用して私的に参拝することに問題はなく、

事務次官通達に違反しない』と述べた。三貝氏は『自衛官は自衛隊法などにより常時、制服を着用しなければならない』と説明した」（日本経済新聞、令和6年3月7日付）

自衛官はいつも制服を着ていなくてはいけないと自衛隊の規則で決まっています。だから、参拝だからといって制服を脱ぎ捨てたら、ルール違反になるわけです。

参拝は、そもそも強制ではありません。行きたい人が自由に行きます。当然、自衛官にも信教の自由がありますから、どこのお寺に行こうが、教会に行こうが、神社に行こうが、自由なわけです。

靖國神社に祀られている英霊たちは、自衛官にとって、自分たちの先輩です。祀られている人たちのほとんどは軍人ですから、その人たちに挨拶にいくのはまったくおかしい話ではありません。

さらに、希望者が集まって行くのですから、内規にも違反しませんし、むしろ合法です。逆に制服を脱ぎ捨てて参拝する方が、法に触れるということです。

遊就館を観た人は、戦争は絶対起こしてはいけないと思う

靖國神社の遊就館についても、戦争を肯定していると左翼はいいますが、まったくそのような展示ではありません。戦争の悲惨さや、理不尽さも含めて展示しています。

一体どこを見たら戦争が素晴らしいという展示に見えるのでしょうか。不思議でなりません。普通の人が遊就館の展示を観たら、逆に戦争は絶対にしてはいけないと思うはずです。

（令和6年3月7日放送）

靖國神社（写真／アフロ）

第六章　世界に誇る日本の技術とビジネス

日本製鉄の稼ぐ力は米欧韓の2倍

高炉大手で突出。JFEやUSスチールの3倍

日本製鉄（日鉄）の稼ぐ力が世界で突出しています。日本の企業は、いままで、効率が悪い、効率が悪い、稼げない、稼げないといわれてきました。

しかし、世界の製鉄業界の中で、日本製鉄が最も効率よく稼いでいるということが記事になりました。私は、すごくびっくりしました。

粗鋼生産1トン当たりの利益は日本製鉄がぶっち切りです。2位の会社の倍の利益が出ています。よくもこんなに効率よくできたものです。

「世界の鉄鋼大手の中で、日本製鉄の稼ぐ力が際立っている。

2024年4～6月期の粗鋼生産1トン当たりの利益を世界の鉄鋼大手で比べると、欧米や韓国大手の2倍を超える。買収をめざす米USスチールの3倍にのぼる。需給悪化に先駆けた構造改革が奏功している。世界的な市況悪化で他社が苦戦する

中でも底堅さをみせている」（日本経済新聞、令和6年10月12日付）

だから、日本製鉄がUSスチールを買って経営改革するわけです。そして3倍稼げるようになったら、これはアメリカにとってはプラスのはずです。

しかし、2024年11月の大統領選では、トランプもハリスもこの買収に反対し、トランプが勝利しました。その結果、日本製鉄によるUSスチールの買収は暗礁《あんしょう》に乗り上げています。しかし、ナショナリズムに駆られるよりも、稼げていないのだから、稼げる会社に育て上げてもらった方がよいのではないかと思います。

JFEも日本の鉄鋼メーカーですが、JFEは粗鋼生産1トン当たり利益は世界で4番目です。日本製鉄はJFEに対しても、3倍近くあります、すごいです。「冗談でしょう」と言いたくなるぐらいぶっち切りで「何かの計算を間違えたんじゃないの」というくらい稼いでいます。

重厚長大の産業は衰退したといわれていましたが、まったく違っています。「鉄は国家なり」はまだまだ、捨てたものではありません。

（令和6年10月17日放送）

せこい商売をするな

東横インの経営哲学

なぜ東横インは週末の値段を上げないのか、その理由がわかりますか？　私は、その理由を聞いて感動しました。

どこのホテルも週末の宿泊料はグンと跳ね上がります。どのホテルも、いつもの1・5倍にしても部屋が十分埋まります。中には2倍や3倍になるホテルも珍しくありません。

東横インが金額を変えない理由がこれです。

「せこい商売をするな」

宿泊料金を5000円プラスしても部屋は埋まります。

埋まりますが「そういうせこい商売するな、提供するのは同じ部屋だ」と。それを金曜日だから1・5倍にして、多少高くしたところで、全体の売り上げでいったらたいしたことはないと。

東横インが求めるのはお客様の安心感

東横インは、いつ行っても値段が変わらない。ホテルに泊まる客からすれば、その方が安心していつでも泊まれる。満足度も高く信用もできます。

ホテル側としても、それで十分利益が出ているのだから、金曜日に代金を上げて、いつも来てくれるお客様の満足度を下げる必要はない。だから、そういう、つまらないことをするなというのが、経営者の判断になります。

この発想は実に素晴らしい。まさに庶民の味方です。ほとんどのホテルが客の足元を見て、週末は高くして、連休になると何倍とかに値上げします。

本当に、経営者の鏡だと思います。

その東横インが一番気を使っていることが掃除だそうです。東横インの部屋はたいして広くはありません。ただ、ベッドがあって、テレビがあるだけで、何もない。ルームサービスがあるわけでもないし、コンシェルジュがいるわけでもありません。

特筆すべきサービスなどありません。そうはいっても素敵な朝食はあります。

掃除だけは徹底的に綺麗にする

だから、せめて掃除だけは完璧にしようというのが東横インなのです。いつ行っても綺麗、どこのホテルと比較しても綺麗。

ここだけは思いっ切り胸を張ろうという姿勢は、繰り返しになりますが、経営者の鏡だと思います。

(令和6年5月9日放送)

東横イン（写真／アフロ）

ＴＯＰＰＡＮがエチオピアでパスポート工場

世界に誇る日本の印刷技術

ＴＯＰＰＡＮ（元・凸版印刷）がエチオピアにパスポート工場を造るということです。面白いところで面白いものを作るなと思います。

「ＴＯＰＰＡＮがエチオピアにパスポートを作る工場を建設」。最初、この記事のタイトルを見て、そのすごさがわからなかったのですが、記事を読んで、なるほどと思いました。

「ＴＯＰＰＡＮホールディングスはエチオピアにパスポート工場を建設する。投資額は約20億円で、２０２６年春に稼働する。まずは同国のパスポートを生産し、将来はアフリカの周辺国への輸出も目指す。

エチオピア政府から同国のＩＣチップ付きパスポート生産を受注した。ＴＯＰＰＡＮホールディングスが51％、エチオピアの政府系の投資機関が49％を出資する合弁会社を4月に設立した。首都アディスアベバのボレレミ工業団地に工場を建設する。5月8日に起工式を開く。

ICチップやセキュリティ関係の技術者などを20から30人を雇用し、徐々に人員を増やす。

パスポートの申し込みシステムの構築も手がけ、競合企業に比べてサポートが手厚いことが受注につながったということ」（日本経済新聞、令和6年5月9日付）

すごいことです。TOPPANがエチオピアのパスポートを作るわけです。確かに、日本の印刷技術は世界最高レベルですから。しかも、ICチップ、さらには管理システムなどを作らせたら日本はレベル高いですから。

TOPPANはよいところに目を付けたと思います。TOPPANがエチオピアにパスポート工場、そして、アフリカの周辺国から、どんどん受注していく。こういうのは日本が得意とするところ。素晴らしいです。

（令和6年5月9日放送）

欧米にはない日本だけが持つ企業

時代の変化に強い商社

令和5年のプライム1500社の純利益が44兆円になりました。これは34年前のバブルの絶頂期よりも7倍になっているということです。

株価はすでに34年前に戻っていますが、純利益は7倍になっているのですから、今の株価が安過ぎるのか、34年前が高過ぎるのか、両方かもしれませんが、まだまだ株価は上に伸びて行ってもおかしくありません。

世界のお金が日本に集まってきていますから、株価がこれだけ上がってきています。それでも日本の株はお値打ち感があるということですから、今が天井ではなく、私はスタートラインと捉えてよいのではないかと思います。

もちろん、これから浮き沈みがあるかもしれませんけど、これから下がり続けるということはないと思います。円安もありますから。

日本経済を牽引するトヨタと商社

日本経済新聞の記事（令和6年2月23日）によれば、日本の純利益を牽引してきたのはトヨタと商社と書かれています。私がここで注目しているのは、商社です。日本は自動車立国といわれていますので、トヨタが日本経済を下支えしていることは、その通りです。

ただし、トヨタは34年前も日本で一番利益を出していました。そのトヨタがいまでも日本一というのはすごいと思いますが、一方で34年前は商社が1社も純利益ベスト20に入っていません。しかし、令和5年には三菱商事、三井物産、伊藤忠商事、住友商事、丸紅と5社も入っています。

そもそも商社というものは、アメリカやヨーロッパにはありません。日本的な儲け方といってよいでしょう。商社はもともと、岩崎弥太郎などから始まりました。岩崎弥太郎は海運からのし上がって三菱財閥の基礎を作りました。他にも炭鉱から発展した三井財閥とかいくつかの財閥がありました。

そのような会社が、国から様々な官営模範工場の払い下げを受けて、自らの傘下に組み入れて多くの業種を束ねていき、相乗効果を狙って一大財閥を作り上げたのです。

それらの財閥の強さは、一つの業種を手がけて、当たるか当たらないかというよりも、総合力で利益を上げていくことです。それこそ何でもビジネスにしてしまいます。

そういう強さと面白さがあります。これを引き継いでいるのが商社です。このような儲けの仕組みは日本的です。

商社の面白さは何でもビジネスにするところ

商社の面白さは何でもビジネスにしてしまうところです。「ゆりかごから墓場まで」といわれるように、幅広くビジネスを展開し、儲けられそうなところにアメーバのように手足を伸ばしていきます。

普通の会社は一本足打法です。例えば、電気自動車だけを作っている会社などは、それがダメになったら、会社は倒産です。ところが商社は一本足打法ではありません。いろいろなビジネスをやって、儲けられないところは撤退し、もっと稼げるところに資金の配置替えをします。この分野はもう斜陽だから、すこし力を抜いて、価値の高い方へ力を注ぐ、このように上手にオンオフをしながら、全体で利益を大きくしていきます。たくさんある部門のうち、いくつかがダメでも、全体でプラスだったらOKなのです。

これは強いです。一つの生態系を持っているわけですから。単純なシステムでは、破綻したら一瞬で終わりますけれども、複雑なシステムはある意味強いのです。実際の大自然の生態系も複雑です。

このような生態系を持った商社が日本経済を引っ張っているというのは、変化の大きい時代にはかなり強みになります。日本経済もまだまだ捨てたものではありません。

（令和6年2月29日放送）

東に海が必要

地理的にロケット打ち上げに最高の日本

ロケットの打ち上げに、地理的に日本は最高なのです。日本はロケットの発射を、ＪＡＸＡも民間もどんどんやるべきです。

理由は、ロケットの打ち上げは、その地点から東に広い海がないとできないからです。だから、内陸だと、ロケットの打ち上げは無理です。必ず東に広い海がなくてはいけません。

ロケットは東に向かって打ちます。地球の自転方向に向かって打つことでスピードをより上げるためです。自転に逆らって打ち上げれば、スピードが落ちるだけで、難易度が上がり、成功率が下がってしまいます。

東に海のないヨーロッパでロケットは打ち上げられない

従って、ヨーロッパは無理です。ヨーロッパは実験すらできません。何かあったら東欧に飛んで行って、大事故につながります。日本は失敗しても海に飛んで行くので、問題ありません。しかし、ヨーロッパは実験すらできない。東に海がないからです。

実験できる場所は、アメリカの東海岸と日本だけです。西に海があるアメリカ西海岸も無理です。ブラジルなどの南米も東に海がありますが、ロケットを打ち上げようと考えている国はないですから、関係ありません。

アジアに目を向けると、フィリピンの東にも海がありますが、ロケットを打ち上げるだけの技術力はまだありません。インドも東にはミャンマーやマレー半島がありますから難しい。だから実質的にロケット打ち上げビジネスを展開できるのは、日本とアメリカだけでしょう。

ただし、北朝鮮のように、他国のことを考えない無責任な国は別です。東には日本列島があるにもかかわらず、お構いなしにロケットを打ち上げています。

北朝鮮のロケット打ち上げは、国際法上問題があるだけでなく、非常に危険な行為なのです。日本政府は危険だと抗議していますが、それでもやるのが金正恩ですから……。

日本は地理的に最高であるばかりか、経済力もあり、技術力もあります。日本がロケット打ち上げビジネスに邁進しない手はありません。

ロケット打ち上げビジネスを独占するアメリカ

日本とアメリカの二カ国で、世界のロケットの打ち上げビジネスを二分するのが世界各国の利益になります。一カ国だけだと独占され不当な価格を吹っかけられます。

ところが、いまロケットの打ち上げビジネスをほとんど独占しているのが、アメリカです。日本は自国のロケット打ち上げを細々と行っているにすぎません。ロシアや中国も、東側に海がありませんが、無理やりやっています。人権を無視した国なので、できるのでしょう。これらの国にロケット打ち上げを依頼する国は、ほとんどないでしょうから、ビジネス展開はできないと思います。せいぜい自国のロケットを打ち上げるだけです。

東に広大な海があり、技術力も経済力もある日本が、アメリカにロケット打ち上げビジネスを独占させてはいけません。世界経済にとっても、日本がロケット打ち上げビジネスに参入することは大変意義のあることです。

日本が世界のマーケットを取りに行き、アメリカと対等にビジネス展開する。素晴らしいことです。日本はガンガンやればよいのです。それだけの技術力も経済力もあるのですから。


（令和6年3月14日放送）

茨の道だからこそ真の実力をつけられる

中卒で職人になるという選択

中卒で職人になったからこそ、為し遂げられるものがあるはずです。大卒で職人になるのとは、だいぶ違います。学歴を捨てて、職人の道を生きる。素晴らしいと思います。

他の者が遊んだり勉強したりしている間、自らの職人としての腕を磨いて、新たなものを生み出していくという生き方には凄みを感じます。

中卒だからこそ、ぶっちぎりの実力をつける

本来、職人というのは中卒、何なら、十一、二歳ぐらいから技を覚えるものです。現在は、学歴社会になってしまって、大卒で職人の道に入る人が多いようです。

中卒で職人になるのは、筋金入りです。勉強していたやつには負けられない覚悟で、職人の世界に入っていくことを意味します。

だから、みんなが高校大学と一生懸命勉強している間に、ひたすら技術を磨く。それに徹して、高卒や大卒の人が職人に入ってきた時には、とても追いつけない境地に至る。

そこまで為し遂げられるということが、中卒の職人の可能性です。職人の世界で、技術では追従を許さないところまで行く。これは素晴らしい生き方だと思います。

ただし、その分のデメリットとしては「中卒?」と疑問形で語られることです。

逆に技術がすご過ぎて「中卒?」と聞いて「そうですよね（中卒から修行しないと、そこまでの技術にはならないですよね）」と言いたくなるような、ぶっちぎるところまでやっていただきたいです。

そうじゃなくて、中卒で、たいした技術もないと「中学を卒業してから、あなたは何をやっていたの?」となります。

結局、職人といっても勉強です。例えばリフォームであっても、技術だけではなくて、センスも磨く必要があると思います。

だから、よいものを見る。例えば、日本中には、素晴らしい内装が山ほどあります。伝統的な建物もあれば、新しい住宅もあれば、飲食店から博物館から素晴らしい内装があります。そういうものを見て吸収していくことが肝要です。

また、一歩世界に出れば、また日本建築とは違うすごい建築物が山ほどありますから、そういうものを見聞して、職人技に落とし込んでいく。

こういうことをやり始めたら、1年、2年が勿体《もったい》ないです。勉強などしている暇はありません。しかし、それはある意味、茨の道です。

本当に自らを磨き続けなければならない世界

例えば、高校を出ました、大学に行きました、大学の建築科を出ました、そしてデザイン事務所に入りました。これはある意味、簡単ではないですが、道が見えています。受験とか、就職とか、節目、節目、節目は頑張る必要がありますが、よくある歩みです。

そこを行かずに中卒になるということは、実力がなかったら話にならないわけです。だから、本当に自らを磨き続けなければならない世界です。

中卒の職人はかっこいいと思います。みんなが勉強している間に、職人になるために自分を鍛錬する。そういう決断ができたからこそ、世界でも認められる職人になれるのだと思います。

ある意味、茨の道ですが、挑戦する価値はありますし、そのような人たちが日本文化を築いてきたのだと思います。


（令和5年10月4日放送。質問に答えて）

円安のメリットで食料自給率が上がった

国産食材にシフト

円安が進行し、国産食材へのシフトが起きています。これは、よい傾向です。いままで日本人は、外国産のモノを、舶来物と崇め、外国の食品をありがたがって食べるということをしてきたわけです。

そして、外国の食品の方が安く、一方、日本で作ると高くなるから作らずに、外国から買うということで済ませてきました。その結果、どうなったかといえば、食料自給率がダダ下がりになりました。

飢饉が起きたり、戦争になれば食料が入らなくなる

いまは平和な時代で、日本も経済大国ですから、金さえ払えば、世界中からどんな食品でも買うことができます。しかし、これにはいくつかの条件があります。

まず、向こうに輸出する余力があるということ。飢饉が起きたら〝輸出できません〟ということにもなりかねないわけです。

そして、日本がちゃんと外国のものを買える経済的な体力があるということ。

さらに、世界が平和であるということ。この三つが同時に成立して、初めて金さえ出せば外国のものを買えるということになります。

もし、これらの条件が一つでも崩れれば、日本に食料が入ってこなくなります。輸出先で飢饉が起きたり、戦争がおきたりすれば、食料を買うことすらままならなくなります。日本が経済的に危機に陥れば、食料は買えなくなるのです。

だから、日本人の生活基盤が、何でもかんでも外国に握られていてはいけません。〝食料自給率が低いことは問題である〟ということは、何十年も前から多くの人たちが指摘していますが、全然改善していません。

私が中・高校生のときぐらいから、多くの日本人が自給率の低さを嘆き、何とか食料自給率を、カロリーベースと金額ベースと、主要な指標が二つありますが、その自給率を高めていかなくてはいけないといっていました。それから、何十年もの間、改善を目指してきましたが、まったく改善されなかったのです。

よく米は自給できていると誤解されますが、現代日本人はあまり米を食べていませんので、食べなくなったものを自給しているに過ぎません。日本人が本格的に米を食べはじめたら米は足りないのです。

円安と物価高のダブルで、外国の食材が高騰

ところが、ここへきて国産食材にシフトが起きています。それは円安のおかげです。円安はすごい力があります。円安と、なおかつ世界の物価高で、外国の食材はめちゃくちゃ高くなっています。

円安×物価高ですから。ダブルで外国の食材の価格が上がっています。そうなったので、ここへきて自然と国産食材にシフトが起きたのです。

これは、よいことです。もっともっと、シフトして日本の食料自給率をどんどん高めるべきです。


（令和6年6月20日放送）

国産食材（写真／アフロ）

日産が開発した次世代エンジン車

水素を石油で作るような馬鹿なことはしない

お手紙がきていますので、紹介します。

「先週、日産ホンダの話題がありました。私は大賛成です。両社とも新素材電極を使い、マイナス30度でも性能が変わらない電池を開発しています。

同グループの人たちは、全固体電池を開発しています。2010年発売のリーフは今までバッテリー事故0件の実績があります。交通事故を起こしてもバッテリーが燃えたことはありません。

バッテリーの使用特許では、トヨタが1位、ホンダが3位の技術を持っています。それにエタノールの単独または混合エンジンで、日産はブラジルでは大人気。燃料効率30%の通常エンジンを超える50%の世界一のエンジンを日産は開発済みです。

この燃料でエンジンを回し水素を作り、燃料と水素を混合することで発火スピードの速い水素の力を使って、さらにエンジンを動かすというもの。トヨタばかりが話題に上がりがちですが、日産の次世代自動車の技術は進んでいます」

ということです。

全部電気で動かすとひずみが出る

ガソリンとバイオエタノールの単独または混合エンジンです。目指すべきは、そういう方向だと思います。

全部電気で動かすというので、ひずみが出るわけで、エンジンを使ってハイブリッド、もしくはそこに一部の電気で水素を作る、あるいは走っている車が発電した余剰の電気で水素を作るのであれば、よいと思います。

ところが日本中が水素エンジンで走る水素車を作り、燃料の水素を石油から作って走らせるような馬鹿なことをやろうとしています。だったら石油のまま燃やせばよいわけです。

走っている車で発電し、それをキープするのか、リザーブするのか、水素を作るのか、こういう自動車エンジンを最適化する方法を、トヨタも日産も模索してきたのですから、それをやるべきです。

電気自動車ならエンジンはいらなくなります。最初から最後まで全部充電するわけですから。それでは「電気をどうやって作るんですか」という話になります。

日産が、トヨタとは違う切り口で頑張っているというお話しでした。お手紙ありがとうございました。

トヨタ、日産が日の目を見る日がくることを期待しています

やはりトヨタ、日産が日の目を見るようになってほしいです。真面目にエンジンを追求しているわけですから。両社ともエンジンのない自動車を簡単に作ることができると思いますが、その負の側面を考えたときに、そこに特化しないトヨタと日産の頑張りには頭が下がる思いです。

（令和6年3月28日放送）

名車、日産・フェアレディZ（写真／アフロ）

（おまけ）ビジネスモデルよりも人

アメリカ企業が強い理由

アメリカ企業が強い理由は、投資元が判断するのが「人」だからです。ビジネスモデルなど、どうでもよい。お前がやる会社だったらお金を出すというのがアメリカです。日本では、考えられないことだと思います。

日本だと、お金を出す場合、ビジネスモデルがどうか、とか、このビジネスモデルで本当に儲かるのか、とか、いつ黒字化するのか、とか、ビジネスモデル自体や確実性が重視されます。

しかし、アメリカはビジネスをする人に注目します。これは、日本人にはちょっと考えられないことだと思います。

「これだけの人数が使ってる、これを止めてはいけない」

例えばツイッター（現X）は以前、ピボットしています。ピボットとはビジネスの内容を大きく変えることです。ベンチャー企業にはよくあります。全然違うビジネスに転換してしまうことです。

ツイッターの元会社が、そのときやっていた事業に行き詰まって、みんな途方に暮れているときでした。役員の一人が「僕が作ったアプリがあるんだけども、見てもらえませんか」って、見せたのが、ツイッターだったのです。

で、見せたら「面白いじゃん、これやろう」ってなって、始まりました。そうすると、すごい勢いで広がるわけです。しかし、広告もついていないし課金もうまくできていなくて、どうやってお金のネタにするかも決まっていませんでした。当然、さらに赤字を垂れ流すことになりました。

一方で、ユーザーが広がっていって、新たにサーバーを借りなきゃいけない。どんどんユーザーが増えると、どんどん赤字が加速する状態です。〝これは無理だ〟となったとき、ある投資家が金を出すと言い出したのです。

しかし、ツイッター側としては「私達、まだ収益をどうしていくか、わからないんですけど……」という状態です。

それに対して、投資家は「ビジネスモデルなどはどうでもいい。これだけの人数が使ってる、これを止めてはいけない！」とバーンとお金を出したのです。それで、ツイッターは事業が継続できました。

目先の利益だけ追う日本

「ビジネスモデルなんかどうでもいい」という考え方って、すごいと思いませんか。日本はビジネスモデルありきですから、このやり方で本当に儲けられるのかということばかりです。ビジネスモデルといいつつ、早く金にすることばかり考えています。目先の利益を追うばかりです。

経営者の顔ぶれなど、見やしません。そんな中で、ベンチャー企業が伸びるわけがありません。この点はアメリカ社会に学ぶべきだと思います。

（令和6年5月16日放送）

著者プロフィール
竹田恒泰（たけだ つねやす）
作家。昭和50年（1975年）、旧皇族・竹田家に生まれる。明治天皇の玄孫にあたる。慶應義塾大学法学部法律学科卒業。平成18年（2006年）、『語られなかった皇族たちの真実』（小学館）で第15回山本七平賞を受賞。『日本はなぜ世界でいちばん人気があるのか』『現代語古事記』『国史教科書 第７版 検定合格 市販版 中学校社会科用』など多数の著書を上梓している。また、全国17カ所で開催している「竹田研究会」の講師を務めている。

スタッフ
装丁／妹尾善史（landfish）
構成／九鬼 淳、中尾緑子
本文ＤＴＰ／ユニオンワークス

協力／相田 勲

宝島社新書

竹田恒泰の感動する日本

（たけだつねやすのかんどうするにほん）

2025年2月24日　第1刷発行

著　者　竹田恒泰
発行人　関川　誠
発行所　株式会社　宝島社
〒102-8388 東京都千代田区一番町25番地
電話：営業　03(3234)4621
　　　編集　03(3239)0928
https://tkj.jp
印刷・製本　中央精版印刷株式会社

ISBN 978-4-299-06275-8

宝島社新書

「日本が世界一」のランキング事典 改訂版

やっぱり日本はスゴかった!
読めば誇らしくなる352ページ

伊藤《いとう》賀一《がいち》

有名な「平均寿命の長さ」などはもちろん、「ミシュランの星付き店舗数」といった意外なものまで、日本が誇る世界ナンバーワンをまとめました。〝日本一生徒数の多い社会科講師〟伊藤賀一先生の楽しい解説と、そのほかの国も含めたランキングを掲載。

定価 990円(税込)

宝島社　お求めは書店で。　宝島社　検索　好評発売中!